高等教育思想政治理论课辅导丛书
主编 焦成焕 李 梁

思想道德修养与法律基础学习指导

主编 奚建群

上海大学出版社
·上海·

图书在版编目(CIP)数据

思想道德修养与法律基础学习指导/奚建群主编.
—上海：上海大学出版社,2019.1
(高等教育思想政治理论课辅导丛书/焦成焕,李梁主编)
ISBN 978-7-5671-3407-2

Ⅰ.①思… Ⅱ.①奚… Ⅲ.①思想修养-高等学校-教学参考资料②法律-中国-高等学校-教学参考资料 Ⅳ.①G641.6②D920.4

中国版本图书馆CIP数据核字(2019)第000254号

责任编辑　石伟丽
封面设计　缪炎栩
技术编辑　金　鑫　钱宇坤

思想道德修养与法律基础学习指导
主编　奚建群
上海大学出版社出版发行
(上海市上大路99号　邮政编码200444)
(http://www.shupress.cn　发行热线 021-66135112)
出版人　戴骏豪

*

南京展望文化发展有限公司排版
句容市排印厂印刷　各地新华书店经销
开本 710mm×1010mm　1/16　印张 12.75　字数 189千
2019年1月第1版　2019年1月第1次印刷
ISBN 978-7-5671-3407-2/G·2887　定价　32.00元

高等教育思想政治理论课辅导丛书

编 委 会

主　编　焦成焕　李　梁
副主编　艾　萍　申小翠　奚建群　林自强
编　委　（按姓氏笔画排序）
　　　　　艾　萍　艾　慧　申小翠　吉征艺　刘雅君
　　　　　许静仪　李　梁　杨　超　杨秀君　林自强
　　　　　袁晓晶　奚建群　韩晓春

序

为贯彻落实中共中央、国务院《关于进一步加强和改进大学生思想政治教育的意见》(中发〔2004〕16号)和全国高校思想政治工作会议精神,充分发挥高等学校思想政治理论课在大学生思想政治教育中的主渠道作用,依据教育部《新时代高校思想政治理论课教学工作基本要求》(教社科〔2018〕2号)的精神,我们以"马克思主义理论研究和建设工程重点教材"思想政治理论课教材2018年版为蓝本,并结合当前高校思想政治理论课教育教学的实际情况,编写了"高等教育思想政治理论课辅导丛书"。

我们对"高等教育思想政治理论课辅导丛书"的编写体例进行了统一安排,每本学习指导设置了"内容概述""习题训练""阅读思考"三大板块。其中,"内容概述"根据高校思想政治理论课教学大纲,并以思想政治理论课教材2018年版为基础,就学生需要掌握的知识点进行总结和归纳;"习题训练"为学生在课内外预习和复习提供练习资料与参考答案;"阅读思考"主要是针对学生如何利用所学理论进行实际应用而设定的,旨在锻炼学生分析问题和解决问题的能力,提高学生对理论知识的掌握程度。

"高等教育思想政治理论课辅导丛书"是上海大学马克思主义学院思想政治理论课教师集体创作完成的。本套丛书由焦成焕、李梁主编,《思想道德修养与法律基础学习指导》由奚建群主编,《中国近现代史纲要学习指导》由艾萍主编,《马克思主义基本原理概论学习指导》由焦成焕主编,《毛泽东思想和中国特色社会主义理论体系概论学习指导》由申小翠主编。在丛书的编写过程中参考、借鉴了国内相关教材与资料,在此一并表示感谢。

丛书主编
2018年12月9日

目 录

绪论 001
    内容概述 001
    习题训练 004
    参考答案 010
    阅读思考 011

第一章　人生的青春之问 014
    内容概述 014
    习题训练 024
    参考答案 029
    阅读思考 033

第二章　坚定理想信念 038
    内容概述 038
    习题训练 048
    参考答案 054
    阅读思考 058

第三章　弘扬中国精神 063
    内容概述 063

习题训练 077
　　参考答案 082
　　阅读思考 086

第四章　践行社会主义核心价值观 091
　　内容概述 091
　　习题训练 098
　　参考答案 103
　　阅读思考 107

第五章　明大德守公德严私德 110
　　内容概述 110
　　习题训练 138
　　参考答案 145
　　阅读思考 150

第六章　尊法学法守法用法 154
　　内容概述 154
　　习题训练 176
　　参考答案 186
　　阅读思考 190

后记 194

绪　论

内容概述

当代大学生处在中国特色社会主义的新时代,应当珍惜历史机遇,胸怀实现中华民族伟大复兴中国梦的光荣使命,坚定理想,增强本领,勇于担当,提升思想道德素质和法治素养,立志为新时代贡献青春力量。

一、我们处在中国特色社会主义新时代

大学阶段,是人生发展的重要时期,是世界观、人生观、价值观形成的关键时期。怎样处理好理想与现实、个人与集体、竞争与合作、权利与义务、自由与纪律、友谊与爱情、学习与工作等方面的关系,做什么样的人,怎样做人,怎样的生活才有意义,怎样的人生追求才有价值等,这一系列的人生课题,都需要大学生去观察、思索、选择、实践。步入人生新阶段,确立新目标,开启新征程,需要对新时代有深入的了解和真切的感悟。

党的十八大以来,我国发展站到了新的历史起点上,中国特色社会主义进入了新时代,这是我国发展新的历史方位。

中国特色社会主义进入新时代,意味着近代以来久经磨难的中华民族迎来了从站起来、富起来到强起来的伟大飞跃,迎来了实现中华民族伟大复兴的光明前景;意味着科学社会主义在21世纪的中国焕发出强大生机活力,在世界上高高举起了中国特色社会主义伟大旗帜;意味着中国特色社会主义道路、理论、制度、文化不断发展,拓展了发展中国家走向现代化的途径,

给世界上那些既希望加快发展又希望保持自身独立性的国家和民族提供了全新选择,为解决人类问题贡献了中国智慧和中国方案。这个新时代,是承前启后、继往开来、在新的历史条件下继续夺取中国特色社会主义伟大胜利的时代,是决胜全面建成小康社会、进而全面建设社会主义现代化强国的时代,是全国各族人民团结奋斗、不断创造美好生活、逐步实现全体人民共同富裕的时代,是全体中华儿女勠力同心、奋力实现中华民族伟大复兴中国梦的时代,是我国日益走近世界舞台中央、不断为人类作出更大贡献的时代。

中国梦是历史的、现实的,也是未来的。它凝结着无数仁人志士的不懈努力,承载着全体中华儿女的共同向往,昭示着国家富强、民族振兴、人民幸福的美好前景。在习近平新时代中国特色社会主义思想的指引下,中华民族的追梦之路更清晰、筑梦之基更坚实、圆梦之策更精准。我们比历史上任何时期都更接近中华民族伟大复兴的目标,都更有信心、有能力实现这个目标。

中国梦是国家的、民族的,也是每一个中国人的。只有每个人都为美好梦想而奋斗,才能汇聚起实现中国梦的磅礴力量。在实现民族复兴梦想的伟大征程中,青年不懈追求的梦想始终与振兴中华的责任担当紧密相连。新时代是奋斗者的时代,为实现中华民族伟大复兴的中国梦而奋斗,是我们人生难得的际遇。广大青年既是追梦者,也是圆梦人。追梦需要激情和理想,圆梦需要奋斗和奉献。在奋斗中释放青春激情、追逐青春理想,以青春之我、奋斗之我,为民族复兴铺路架桥,为祖国建设添砖加瓦。每个青年都应该珍惜这个伟大时代,做新时代的奋进者、开拓者、奉献者。

二、时代新人要以民族复兴为己任

党的十九大提出了"培养担当民族复兴大任的时代新人"的战略要求。大学生应该以有理想、有本领、有担当为根本要求,努力夯实综合素质基础,着力提升思想道德素质和法治素养,展现新的精神风貌、新的奋斗姿态,成为德智体美劳全面发展的社会主义建设者和接班人。

(一)做有理想有本领有担当的时代新人

青年兴则国家兴,青年强则国家强。青年一代有理想、有本领、有担当,国家就有前途,民族就有希望。大学生是国家宝贵的人才资源,是民族的希望、祖国的未来,肩负着人民的重托、历史的重任。新时代的大学生朝气蓬勃、好学上进、视野宽广、开放自信,是可爱、可信、可为的一代。坚定理想信念,志存高远,脚踏实地,勇做时代的弄潮儿,大学生才能真正成为担当民族复兴大任的时代新人,承担起自己的历史使命和时代责任。

要有崇高的理想信念,牢记使命,自信自励。"功崇惟志,业广惟勤。"理想指引人生方向,信念决定事业成败。要有高强的本领才干,勤奋学习,全面发展。不断增强的本领才干,是青春焕发光彩的重要源泉。要有天下兴亡、匹夫有责的担当精神,讲求奉献,实干进取。青春至美是担当,青年的担当是决定人生价值的最大砝码,是影响时代发展进程的重要力量。有信念、有梦想、有奋斗、有奉献的人生,才是有意义的人生。当代大学生建功立业的舞台空前广阔,梦想成真的前景空前光明,每个人都有机会在实现中国梦的伟大实践中创造自己的精彩人生。当代大学生一定要担当起党和人民赋予的历史重任,在激扬青春、开拓人生、奉献社会的进程中书写无愧于时代的壮丽篇章!

(二)提升思想道德素质与法治素养

做有理想、有本领、有担当的时代新人,必须具备良好的思想道德素质和法治素养。思想道德素质和法治素养,是思想政治素质、道德素质和法治素养的有机融合,是新时代大学生必须具备的基本素质。

要正确认识自己、认识他人、认识社会,学习掌握运用道德和法律规范,正确调整自己的行为。思想道德和法律都是调节人们思想行为、协调人际关系、维护社会秩序的重要手段。思想道德和法律虽然在调节领域、调节方式、调节目标等方面存在很大不同,但是二者都是上层建筑的重要组成部分,共同服务于一定的经济基础。中国特色社会主义思想道德建设和中国特色社会主义法治建设紧密联系、相互促进,为中国特色社会主义事业提供坚实的思想基础、精神支撑和法治保障。坚持和发展中国特色社会主义,既要发挥思想道德的引领和教化作用,又要发挥法律的规范和强制作用。

思想道德素质和法治素养是人应该具有的基本素质。思想道德素质是人们的思想观念、政治立场、价值取向、道德情操和行为习惯等方面品质和能力的综合体现,反映着一个人的思想境界和道德风貌,是促进个体健康成长、社会发展进步的重要保障。法治素养是指人们通过学习法律知识、理解法律本质、运用法治思维、依法维护权利与依法履行义务的素质、修养和能力,对于保证人们尊崇法治、遵守法律具有重要意义。大学生应当通过理论学习和实践体验,牢固树立坚定的理想信念和正确的价值观念,陶冶高尚的道德情操,增强尊法学法守法用法的自觉性,不断提高自身的思想道德素质和法治素养。

"思想道德修养与法律基础",是一门融思想性、政治性、科学性、理论性、实践性于一体的思想政治理论课。本课程针对大学生成长过程中面临的思想道德和法律问题,开展马克思主义的世界观、人生观、价值观、道德观、法治观教育,引导大学生提高思想道德素质和法治素养,成长为自觉担当民族复兴大任的时代新人。学习本课程,有助于大学生领悟人生真谛,坚定理想信念,践行社会主义核心价值观,做新时代的忠诚爱国者和改革创新的生力军;有助于大学生形成正确的道德认知,积极投身道德实践,做到明大德、守公德、严私德;有助于大学生全面把握社会主义法律的本质、运行和体系,理解中国特色社会主义法治体系和法治道路的精髓,增进法治意识,养成法治思维,更好行使法律权利、履行法律义务,做到尊法学法守法用法,从而具备优秀的思想道德素质和法治素养。

习题训练

(一) 单项选择题

1. 爱因斯坦说过:"大多数人都以为是才智成就了科学家,他们错了,是品格。"下列名言中与这句话含义一致的是(   )。

    A. 道虽迩,不行不至;事虽小,不为不成

    B. 己所不欲,勿施于人

    C. 才者,德之资也;德者,才之帅也

D. 是非之心,智也

2. 法律与道德是调节人们思想行为、协调人际关系、维护社会秩序的两种重要的行为规范体系。下列说法中,正确的是( )。

A. 凡是道德所反对和谴责的行为,必定是法律所制裁的行为
B. 法律的调节更具有广泛性,能够渗透到道德不能调节的领域
C. 法律是道德形成的基础,能为制订道德规范提供依据
D. 凡是法律所禁止和制裁的行为,通常也是道德所反对和谴责的行为

3. 习总书记指出,要教育引导学生正确认识( ),从我党探索中国特色社会主义历史发展和伟大实践中,认识和把握人类社会发展与中国特色社会主义的历史必然性,不断树立为共产主义远大理想和中国特色社会主义共同理想而奋斗的信念和信心。

A. 世界和中国发展大势　　　　B. 中国特色和国际比较
C. 时代责任和历史使命　　　　D. 远大抱负和脚踏实地

4. 2018年9月10日,全国教育大会在北京召开。习近平总书记发表重要讲话并强调指出,培养什么人是教育的首要问题。我国是中国共产党领导的社会主义国家,这就决定了我们的教育必须把( )作为根本任务。

A. 建设教育强国　　　　　　　B. 培养社会主义建设者和接班人
C. 全面深化教育体制改革　　　D. 推进教育现代化

5. 习总书记指出,要教育引导学生正确认识( ),用中国梦激扬青春梦,为学生点亮理想的灯、照亮前行的路,激励学生自觉把个人的理想追求融入国家和民族的事业中,勇做走在时代前列的奋进者、开拓者。

A. 世界和中国发展大势　　　　B. 中国特色和国际比较
C. 时代责任和历史使命　　　　D. 远大抱负和脚踏实地

6. 习总书记指出,要教育引导学生正确认识( ),珍惜韶华、志存高远,勇做时代的弄潮儿,让勤奋学习成为青春飞扬的动力,让增长本领成为青春搏击的能量。在实现中国梦的生动实践中放飞青春梦想,在为人民利益的不懈奋斗中书写人生华章!

A. 世界和中国发展大势　　　　B. 中国特色和国际比较
C. 时代责任和历史使命　　　　D. 远大抱负和脚踏实地

7. 习总书记强调,我们的高校是党领导下的高校,是中国特色社会主义高校。必须坚持以马克思主义为指导,全面贯彻党的教育方针。要坚持不懈(　　),培育理性平和的健康心态,加强人文关怀和心理疏导,把高校建设成为安定团结的模范之地。

A. 传播马克思主义科学理论

B. 培育和弘扬社会主义核心价值观

C. 促进高校和谐稳定

D. 培育优良校风和学风

8. 习总书记在中国政法大学考察时强调,(　　)是坚持和发展中国特色社会主义的本质要求和重要保障,事关党执政兴国,事关人民幸福安康,事关党和国家事业发展。法学教育要坚持立德树人,不仅要提高法学知识水平,而且要培养学生的思想道德素养。

A. 全面建成小康　　　　　B. 全面深化改革

C. 全面依法治国　　　　　D. 全面从严治党

9. 习总书记在中国政法大学考察时强调,(　　)是一项长期而重大的历史任务,要坚持中国特色社会主义法治道路,坚持以马克思主义法学思想和中国特色社会主义法治理论为指导,立德树人,德法兼修,培养大批高素质法治人才。

A. 全面建成小康　　　　　B. 全面深化改革

C. 全面依法治国　　　　　D. 全面从严治党

10. 习总书记在北京大学考察时强调,(　　)是人世间最深层、最持久的情感,是一个人立德之源、立功之本。我们是中华儿女,要了解中华民族历史,秉承中华文化基因,有民族自豪感和文化自信心,扎根人民,奉献国家。

A. 爱国　　　　B. 励志　　　　C. 求真　　　　D. 力行

11. 习总书记在北京大学考察时强调,要(　　),立鸿鹄志,做奋斗者。广大青年要培养奋斗精神,理想坚定,信念执着,不怕困难,勇于开拓,顽强拼搏,永不气馁,珍惜这个伟大时代,做新时代的奋斗者。

A. 爱国　　　　B. 励志　　　　C. 求真　　　　D. 力行

12. 习总书记在北京大学考察时强调,广大青年要( ),求真学问,练真本领。通过学习知识,掌握事物发展规律,通晓天下道理,丰富学识,增长见识。珍惜大好学习时光,求真理、悟道理、明事理,更好为国争光、为民造福。

  A. 爱国　　　　B. 励志　　　　C. 求真　　　　D. 力行

13. 习总书记在北京大学考察时强调,要( ),知行合一,以知促行、以行求知,要面向实际、深入实践;要严谨务实,苦干实干。广大青年要努力成为有理想、有学问、有才干的实干家,在新时代干出一番事业。

  A. 爱国　　　　B. 励志　　　　C. 求真　　　　D. 力行

14. 习总书记在全国教育大会发表重要讲话指出,教育是国之大计、党之大计。要在( )上下功夫,教育引导学生树立共产主义远大理想和中国特色社会主义共同理想,增强学生的中国特色社会主义道路自信、理论自信、制度自信、文化自信,立志肩负起民族复兴的时代重任。

  A. 坚定理想信念　　　　　　B. 厚植爱国主义情怀

  C. 加强品德修养　　　　　　D. 培养奋斗精神

15. 习总书记在全国教育大会发表重要讲话指出,教育是国之大计、党之大计。要在( )上下功夫,教育引导学生珍惜学习时光,心无旁骛求知问学,增长见识,丰富学识,沿着求真理、悟道理、明事理的方向前进。

  A. 坚定理想信念　　　　　　B. 厚植爱国主义情怀

  C. 加强品德修养　　　　　　D. 增长知识见识

16. 习总书记在全国教育大会发表重要讲话指出,教育是国之大计、党之大计。要在( )上下功夫,教育引导学生培育和践行社会主义核心价值观,踏踏实实修好品德,成为有大爱大德大情怀的人。

  A. 坚定理想信念　　　　　　B. 厚植爱国主义情怀

  C. 加强品德修养　　　　　　D. 增强综合素质

17. 习总书记在全国教育大会发表重要讲话指出,教育是国之大计、党之大计。要在( )上下功夫,教育引导学生树立高远志向,历练敢于担当的精神,具有勇于奋斗的精神状态、乐观向上的人生态度,做到刚健有为、自强不息。

A. 坚定理想信念　　　　　　B. 厚植爱国主义情怀
C. 培养奋斗精神　　　　　　D. 增强综合素质

18. 习总书记在全国教育大会发表重要讲话指出,教育是国之大计、党之大计。要在( )上下功夫,让爱国主义精神在学生心中牢牢扎根,教育引导学生热爱和拥护中国共产党,立志听党话、跟党走,立志扎根人民、奉献国家。

A. 坚定理想信念　　　　　　B. 厚植爱国主义情怀
C. 加强品德修养　　　　　　D. 增强综合素质

19. ( )是人们的思想观念、政治立场、价值取向、道德情操和行为习惯等方面品质和能力的综合体现,反映着人的思想境界和道德风貌。

A. 思想道德素质　　　　　　B. 科学人文素养
C. 身心健康素质　　　　　　D. 法治素养

20. ( )是指人们通过学习法律知识、理解法律本质、运用法治思维、依法维护权利与依法履行义务的素质、修养和能力,对于保证人们尊崇法治、遵守法律具有重要意义。

A. 思想道德素质　　　　　　B. 科学人文素养
C. 身心健康素质　　　　　　D. 法治素养

(二) 多项选择题

1. 经过长期努力,中国特色社会主义进入了新时代,这是我国发展新的历史方位。中国特色社会主义进入新时代,在( )上都具有重大意义。全党要坚定信心、奋发有为,让中国特色社会主义展现出更加强大的生命力!

A. 中华人民共和国发展史　　B. 中华民族发展史
C. 世界社会主义发展史　　　D. 人类社会发展史

2. 教育强则国家强,高等教育发展水平是一个国家发展水平和发展潜力的重要标志,实现中华民族伟大复兴,教育的地位和作用不可忽视。我国有( ),决定了我国必须走自己的高等教育发展道路,扎实办好中国特色社会主义高校。

A. 独特的历史 B. 独特的经济
C. 独特的文化 D. 独特的国情

3. 我们必须扎根中国大地办教育,扎实办好中国特色社会主义高校。我国高等教育发展方向要同我国发展的现实目标和未来方向紧密联系在一起,(   )。

A. 为人民服务
B. 为中国共产党治国理政服务
C. 为巩固和发展中国特色社会主义制度服务
D. 为改革开放和社会主义现代化建设服务

4. 我国高等教育肩负着培养德智体美劳全面发展的社会主义事业建设者和接班人的重大任务,高校立身之本在于立德树人。思想政治工作从根本上说是做人的工作,必须围绕学生、关照学生、服务学生,不断提高学生(   ),使之成为德才兼备、全面发展的人才。

A. 思想水平 B. 政治觉悟 C. 道德品质 D. 文化素养

5. 要全面贯彻党的教育方针,落实立德树人根本任务,把思想政治工作贯穿教育教学全过程,实现全程育人、全方位育人。要教育引导学生正确认识(   ),努力开创我国高等教育事业发展新局面。

A. 世界和中国发展大势 B. 中国特色和国际比较
C. 时代责任和历史使命 D. 远大抱负和脚踏实地

6. 我们的高校是党领导下的高校,是中国特色社会主义高校。办好我们的高校,必须坚持以马克思主义为指导,全面贯彻党的教育方针。要坚持不懈(   )。

A. 传播马克思主义科学理论
B. 培育和弘扬社会主义核心价值观
C. 促进高校和谐稳定
D. 培育优良校风和学风

7. 习总书记在全国教育大会上强调,要以凝聚人心、(   )为工作目标,培养德智体美劳全面发展的社会主义建设者和接班人,加快推进教育现代化、建设教育强国、办好人民满意的教育。

A. 完善人格　　B. 开发人力　　C. 培育人才　　D. 造福人民

8. 要深化教育体制改革,健全立德树人落实机制,扭转不科学的教育评价导向,坚决克服唯分数、(　　　)的顽瘴痼疾,从根本上解决教育评价指挥棒问题。

A. 唯升学　　B. 唯文凭　　C. 唯论文　　D. 唯帽子

9. 党的十九大报告强调指出,加强思想道德建设。人民有信仰,国家有力量,民族有希望。要提高人民思想觉悟、道德水准、文明素养,提高全社会文明程度。广泛开展理想信念教育,深化中国特色社会主义和中国梦宣传教育,弘扬民族精神和时代精神,加强(　　　)教育,引导人们树立正确的历史观、民族观、国家观、文化观。

A. 爱国主义　　　　　　B. 民族主义
C. 集体主义　　　　　　D. 社会主义

10. 我们必须坚定(　　　),决胜全面建成小康社会,夺取新时代中国特色社会主义伟大胜利,为实现中华民族伟大复兴的中国梦不懈奋斗。我们要永远记住,我们所进行的一切完善和改进,都是在既定方向上的继续前进,而不是改变方向,更不是要丢掉我们党、国家、人民安身立命的根本。

A. 道路自信　　　　　　B. 理论自信
C. 制度自信　　　　　　D. 文化自信

参考答案

(一) 单项选择题

1. C　2. D　3. A　4. B　5. C　6. D　7. C　8. C　9. C　10. A　11. B　12. C　13. D　14. A　15. D　16. C　17. C　18. B　19. A　20. D

(二) 多项选择题

1. ABCD　2. ACD　3. ABCD　4. ABCD　5. ABCD　6. ABCD　7. ABCD　8. ABCD　9. ACD　10. ABCD

阅读思考

材料

全国教育大会，习近平提出的这些"数字"别有深意

教育是国之大计、党之大计。2018年9月10日，习近平总书记出席全国教育大会并发表重要讲话，就加快推进教育现代化、建设教育强国、办好人民满意的教育作出全方位部署，讲话中的这些"数字"别有深意。

- 强调5个"人"的工作目标

以凝聚人心、完善人格、开发人力、培育人才、造福人民为工作目标，培养德智体美劳全面发展的社会主义建设者和接班人，加快推进教育现代化、建设教育强国、办好人民满意的教育。

- 阐述9个"坚持"

在实践中，我们就教育改革发展提出一系列新理念新思想新观点，主要有以下几个方面：

坚持党对教育事业的全面领导

坚持把立德树人作为根本任务

坚持优先发展教育事业

坚持社会主义办学方向

坚持扎根中国大地办教育

坚持以人民为中心发展教育

坚持深化教育改革创新

坚持把服务中华民族伟大复兴作为教育的重要使命

坚持把教师队伍建设作为基础工作

这是我们对我国教育事业规律性认识的深化，来之不易，要始终坚持并不断丰富发展。

- 明确1个"根本任务"

我国是中国共产党领导的社会主义国家，这就决定了我们的教育必须

把培养社会主义建设者和接班人作为根本任务,培养一代又一代拥护中国共产党领导和我国社会主义制度、立志为中国特色社会主义奋斗终身的有用人才。

- 要在6个方面"下功夫"

要在坚定理想信念上下功夫,教育引导学生树立共产主义远大理想和中国特色社会主义共同理想,增强学生的中国特色社会主义道路自信、理论自信、制度自信、文化自信,立志肩负起民族复兴的时代重任。

要在厚植爱国主义情怀上下功夫,让爱国主义精神在学生心中牢牢扎根,教育引导学生热爱和拥护中国共产党,立志听党话、跟党走,立志扎根人民、奉献国家。

要在加强品德修养上下功夫,教育引导学生培育和践行社会主义核心价值观,踏踏实实修好品德,成为有大爱大德大情怀的人。

要在增长知识见识上下功夫,教育引导学生珍惜学习时光,心无旁骛求知问学,增长见识,丰富学识,沿着求真理、悟道理、明事理的方向前进。

要在培养奋斗精神上下功夫,教育引导学生树立高远志向,历练敢于担当、不懈奋斗的精神,具有勇于奋斗的精神状态、乐观向上的人生态度,做到刚健有为、自强不息。

要在增强综合素质上下功夫,教育引导学生培养综合能力,培养创新思维。

- 围绕1个"目标"

要把立德树人融入思想道德教育、文化知识教育、社会实践教育各环节,贯穿基础教育、职业教育、高等教育各领域,学科体系、教学体系、教材体系、管理体系要围绕这个目标来设计,教师要围绕这个目标来教,学生要围绕这个目标来学。凡是不利于实现这个目标的做法都要坚决改过来。

- 坚决克服5个"唯"

要深化教育体制改革,健全立德树人落实机制,扭转不科学的教育评价导向,坚决克服唯分数、唯升学、唯文凭、唯论文、唯帽子的顽瘴痼疾,从根本上解决教育评价指挥棒问题。

- 着重培养3种人才

着重培养创新型、复合型、应用型人才。

- 家庭要做好4个"一"

家庭是人生的第一所学校,家长是孩子的第一任老师,要给孩子讲好"人生第一课",帮助扣好人生第一粒扣子。

——新华网,http://www.xinhuanet.com/politics/xxjxs/2018-09/11/c_1123410182.htm,略有改动。

思考:

结合材料,认真学习、深刻领会、准确把握全国教育大会精神,谈谈当代大学生应当如何努力成长为德智体美劳全面发展的社会主义建设者和接班人。

第一章　人生的青春之问

内容概述

本章的主题是人生选择,以"人生的青春之问"为章题,共设有三节,分别是"人生观是对人生的总看法""正确的人生观""创造有意义的人生"。在逻辑架构上,本章着眼于新时代大学生成长成才所处的新方位、新特点、新要求,探寻如何在十年寒窗后的新起点,人生新的起跑线上再出发,在激扬青春、开拓人生、奉献社会中奋力唱响无愧于历史、时代和人民的青春之歌。

历史车轮滚滚向前,时代潮流浩浩荡荡。历史只会眷顾坚定者、奋进者、搏击者,而不会等待犹豫者、懈怠者、畏难者。大学生处在世界观、人生观、价值观养成的关键时期,如何拧紧这个"总开关",以正确的人生观为引领,创造有价值的精彩人生,是新时代大学生时刻面对、毕生解答的青春之问。

第一节　人生观是对人生的总看法

本节主要探讨人的本质、人生观的主要内容、人生观与世界观的关系、个人与社会的关系等问题,落脚于阐明人生观是人们关于人生目的、人生态度、人生价值等人生问题的总观点和总看法;人生观决定着人生道路的方向,也决定着人们行为选择的价值取向和用什么样的方式对待实际生活。大学生思考和规划自己的人生之路,首先要学会科学看待人生的根本问题,认识个人与社会的辩证关系,掌握人生观的基本理论。

一、人生与人生观

人生观就是人们关于人生目的、人生态度、人生价值等问题的总观点和总看法。

（一）正确认识人的本质

思考人生，树立正确的人生观，首先需要对"人是什么"和"人的本质是什么"等问题有科学的认识。

对人的认识，核心在于认识人的本质。马克思运用辩证唯物主义和历史唯物主义的立场观点方法，揭开了人的本质之谜。他指出："人的本质不是单个人所固有的抽象物，在其现实性上，它是一切社会关系的总和。"这一论断，在人类历史上第一次科学说明了人的本质，为人们认识人生、形成正确的人生观提供了科学的方法论。

任何人都是处在一定的社会关系中从事社会实践活动的人。社会属性是人的本质属性。认识人的本质，要立足于具体的、历史的社会关系中从事社会实践的人，而不能从抽象的人性论出发，更不能依靠神的启示。在一定的社会历史条件下，人们面对各种各样的境遇，在客观的不断变化的社会关系中实践人生，通过现实的生活逐渐地感悟人生，形成了相应的人生观。

（二）人生观的主要内容

人生观决定着人生道路的方向，也决定着人们行为选择的价值取向和用什么样的方式对待实际生活。有什么样的人生观就会有什么样的人生。

人生观的主要内容包括人生目的、人生态度和人生价值。人生目的回答人为了什么活着，人生态度回答人应当如何活着，人生价值回答什么样的人生才有价值。这三个方面相互联系、相辅相成，统一为一个有机整体。

人生目的是指生活在一定历史条件下的人在人生实践中关于自身行为的根本指向和人生追求。人生目的是对"人为什么活着"这一人生根本问题的认识和回答，是人生观的核心，在人生实践中具有重要的作用。首先，人生目的决定人生道路。其次，人生目的决定人生态度。再次，人生目的决定人生价值选择。

人生态度是指人们通过生活实践形成的对人生问题的一种稳定的心理倾向和精神状态。人生态度是人生观的重要内容。一个人有什么样的人生观就会有什么样的人生态度。当一个人对自己的人生观作出了某种明确的选择，实际上就在主要方面决定了他将如何对待生活，决定了他在实践中将以怎样的方式处理各种人生问题。反过来，一个人对人生的态度如何，往往又制约着他对整个世界和人生的看法，从而对个人的世界观、人生观产生重要的影响。

人生价值是指人的生命及其实践活动对于社会和个人所具有的作用和意义。人生价值内在地包含了人生的自我价值和社会价值两个方面。人生的自我价值，是个体的人生活动对自己的生存和发展所具有的价值，主要表现为对自身物质和精神需要的满足程度。人生的社会价值，是个体的实践活动对社会、他人所具有的价值。人生的自我价值和社会价值，既相互区别，又密切联系、相互依存，共同构成人生价值的矛盾统一体。一方面，人生的自我价值是个体生存和发展的必要条件，人生的自我价值的实现是个体为社会创造更大价值的前提。个体的人生活动不仅具有满足自我需要的价值属性，还必然地包含着满足社会需要的价值属性。个体通过努力提高自我价值的过程，也是其创造社会价值的过程。另一方面，人生的社会价值是社会存在和发展的重要条件，人生社会价值的实现是个体自我完善、全面发展的保障。没有社会价值，人生的自我价值就无法存在。人是社会的人，这不仅意味着个体物质和精神的需要必须在社会中才能得到满足，还意味着以怎样的方式和在多大程度上得到满足也是由社会决定的。

总之，人生目的表明人的一生追求什么，人生态度表示以怎样的心态实现人生目标，人生价值判定一个具体人生的价值和意义。其中，人生目的决定着人们对待实际生活的基本态度和人生价值的评判标准，人生态度影响着人们对人生目的的持守和人生价值的评判，人生价值制约着人生目的和人生态度的选择。

(三) 人生观与世界观

人生观与世界观有密切的关系。世界观是人们对生活在其中的世界以及人与世界的关系的总体看法和根本观点。

世界观决定人生观,有什么样的世界观,就会有什么样的人生观。辩证唯物主义认为,人和人类社会是自然界长期发展的产物,人的一切认识都是来自实践,并在实践中不断发展。在这样的世界观指导下,人们就能更好地立足现实,客观地对待人生,在人生道路上勇于拼搏,在实际社会生活过程中寻找解答人生问题的正确答案。同时,人生观又对世界观的巩固、发展和变化起着重要作用。

二、个人与社会的辩证关系

个人与社会是对立统一的关系,两者相互依存、相互制约、相互促进。社会是由一个个具体的人组成的,离开了人就没有社会,社会是人的存在形式。同时,人是社会的人,离开了社会人也无法生活。社会犹如一个有生命、有活力的有机体,个人犹如这个有机体中的细胞。只有有机体的所有细胞都充满活力,这个有机体才能是生气勃勃和生长旺盛的;细胞如果脱离了有机体,也将失去赖以存在的必要条件。

个人与社会的关系,最根本的是个人利益与社会利益的关系。社会需要是个人需要的集中体现,是社会全体成员带有根本性、全局性、长远性需要的反映。个人利益的满足只能是在一定的社会条件下、通过一定的社会方式来实现。在社会主义社会中,个人利益与社会利益在根本上是一致的。社会利益离不开个人利益,个人利益也离不开社会利益。

人的社会性决定了人只有在推动社会进步的过程中,才能实现自我的发展。如果人人都只是关心自己的利益,甚至以损害他人利益、社会利益的方式满足一己之私,人赖以生存的社会不仅难以发展进步,还将最终因私欲的膨胀而走向崩溃。

第二节　正确的人生观

本节聚焦于人生观的三大方面,对青年学生应当坚持什么样的人生目的、人生态度和人生价值做出明确的引导和阐释,鲜明地将服务人民、奉献社会概括为科学高尚的人生追求。

一、科学高尚的人生追求

"服务人民、奉献社会"的思想以其科学而高尚的品质，代表了人类社会迄今最先进的人生追求。人民群众是社会历史的主体，是社会物质财富和精神财富的创造者，是社会变革的决定力量。服务人民、奉献社会的人生追求，以历史唯物主义关于人民群众是历史的创造者的基本观点为理论基础，指明了人在成长和发展过程中应确立的人生目标和方向。

一个人确立了服务人民、奉献社会的人生追求，才能清楚地把握人的生命历程和奋斗目标，深刻理解人为了什么而活、应走什么样的人生之路等道理。一个人确立了服务人民、奉献社会的人生追求，才能以正确的人生态度对待人生、解决实际生活中的各种问题，以人民利益为重，始终对祖国和人民具有高度的责任感，在服务人民、奉献社会中实现自己的人生价值。一个人确立了服务人民、奉献社会的人生追求，才能掌握正确的人生价值标准，才能懂得人生的价值首先在于奉献，自觉用真善美来塑造自己，不断培养高洁的操行和纯朴的情感，努力使自己成为一个高尚的人。

二、积极进取的人生态度

人生须认真。以认真的态度对待人生，就是要严肃思考人的生命应有的意义，明确生活目标和肩负的责任，既要清醒地看待生活，又要积极认真地面对生活。要学会对自己负责，对亲人负责，对周围的人和更多的人负责，进而对民族、国家、社会负责，做一个有价值、负责任的人。

人生当务实。要从人生的实际出发，以科学的态度看待人生，以务实的精神创造人生。要把远大的理想寓于具体的行动中，从小事做起，从身边的事做起，脚踏实地、一步一个脚印地实现人生目标。不能好高骛远、空谈理想、眼高手低、浅尝辄止，否则就会脱离实际、一事无成。

人生应乐观。只有热爱生活的人，才能真正拥有生活。乐观豁达、热爱生活、对人生充满自信，体现了对自己、对生活、对社会的积极态度，是人们承受困难和挫折的心理基础。要始终保持乐观向上的人生态度，不能因为没有满足期望或者遇到挫折,就消极悲观、畏难退缩,甚至颓废堕落、自暴自弃。

人生要进取。人生实践是一个创造的过程。适应历史发展的趋势,以开拓进取的态度迎接人生的各种挑战,才能不断领悟美好人生的真谛,体验生活的快乐和幸福。大学生要发扬自强不息、敢为人先、百折不挠、坚忍不拔的精神,而不能贪图安逸、满足现状、因循守旧、故步自封。

三、人生价值的评价与实现

（一）正确评价人生价值

人的社会性决定了人生的社会价值。评价人生价值的根本尺度,是看一个人的实践活动是否符合社会发展的客观规律,是否促进了历史的进步。在今天,衡量人生价值的标准,最重要的就是看一个人是否用自己的劳动和聪明才智为国家和社会真诚奉献,为人民群众尽心尽力服务。客观、公正、准确地评价社会成员人生价值的大小,除了要掌握科学的标准外,还需要掌握恰当的评价方法。

坚持能力有大小与贡献须尽力相统一。每个人的职业不同、能力大小不同,对社会贡献的绝对量也不同,不能简单地认为能力大的人就实现了人生价值,能力小的人就没有实现人生价值。考察一个人的人生价值,要把个人对社会的贡献同他的能力以及与能力相对应的职责联系起来。任何人只要在自己的岗位上尽职尽责,兢兢业业,就应该对他的人生价值给予积极肯定的评价。

坚持物质贡献与精神贡献相统一。人的生产劳动是物质生产劳动和精神生产劳动的统一及两种生产劳动成果的相互转化。社会的发展与进步是物质文明和精神文明的共同发展与进步。评价人生价值,既要看一个人对社会作出的物质贡献,也要看他对社会作出的精神贡献。

坚持完善自身与贡献社会相统一。人生的社会价值是实现人生自我价值的基础,评价人生价值的大小应主要看一个人对社会所作的贡献,但这并不意味着要否认人生的自我价值。人的自我完善和全面发展、人生自我价值的实现,是社会发展的根本目标;而人生自我价值的实现,又有助于个体为社会创造更大价值。

(二) 人生价值的实现条件

实现人生价值要从社会客观条件出发。人生价值是在社会实践中实现的,人的创造力的形成、发展和发挥都要依赖于一定的社会客观条件。大学生要珍惜难得的历史机遇,把自己的人生追求建立在正确把握当今中国社会发展实际的基础上,努力实现自己的人生价值。

实现人生价值要从个体自身条件出发。人的自身条件会有一定的差异,某一个具体的价值目标,对这个人来说是恰当的、比较容易实现的,而对另一个人来说却未必如此。要针对自己成长成才过程的实际,注重完善知识结构、丰富社会实践,坚持实事求是的原则,努力客观认识自己,准确把握影响人生价值实现的自身条件。

不断增强实现人生价值的能力和本领。个人的主观努力,在相当大的程度上也决定着人生价值实现的程度。人的能力具有累积效应,能够通过学习、锻炼而得以提升。大学生可塑性强,可以通过各种方式和途径,全面提高自身的综合素质和能力,努力创造实现人生价值的良好条件。

第三节　创造有意义的人生

本节通过分析大学生面临的人生矛盾,剖析形形色色的错误人生观,强调大学生只有与历史同向、与祖国同行、与人民同在,在服务人民、奉献社会的实践中,才能创造有意义的人生。

一、辩证对待人生矛盾

要科学认识实际生活中的各种问题,勇敢面对和正确处理各种人生矛盾。

树立正确的幸福观。幸福都是奋斗出来的。"奋斗本身就是一种幸福。只有奋斗的人生才称得上幸福的人生。"奋斗者是精神最为富足的人,也是最懂得幸福、最享受幸福的人。首先,幸福是一个总体性范畴,它意味着人总体上生活得美好,家庭和睦、职业成功、行为正当、人格完善等都是幸福的重要因素。幸福总是相对的,不是尽善尽美的,不同的人有不同的幸福标准。追求幸福的过程就是不满足于现状、不断追求和创造更美好生活的过程。其次,实现幸福离不开一定的物质条件,物质需要的满足、物质生活的富足是幸福的重要方面,但人的幸福不能仅仅局限于物质方面,精神需要的满足、精神生活的充实也是幸福的重要方面。再次,在追求幸福的过程中,我们不能把自己的幸福建立在损害社会整体和他人利益的基础上。相反,只有在为社会作贡献、为他人服务的过程中,我们才能获得幸福所需要的环境和条件,产生更大的幸福感,实现个人幸福与社会进步的相互促进。

树立正确的得失观。如何认识和对待人生发展过程中的得与失这对矛盾,对一个人走好人生之路、实现人生价值有重要影响。要以积极进取的态度去面对生活中的成败得失,使一时的成败得失成为人生的财富而不是人生的包袱。首先,不要拘泥于个人利益的得失。个人利益的得失只能部分地衡量人生价值的大小,在奉献社会中才能实现更大的人生价值。其次,不要满足于一时的得。一个人如果总是满足于一时的得,往往会停步在小小的成功和已有的成绩之上,放弃接下来的努力,以致造成最后的失败。再次,不要惧怕一时的失。正所谓"吃一堑,长一智","塞翁失马,焉知非福",得到的不一定是好事,失去了也不一定是坏事。

树立正确的苦乐观。苦与乐既对立又统一,又在一定条件下可以相互转化。"宝剑锋从磨砺出,梅花香自苦寒来",奋斗是艰辛的,艰难困苦、玉汝于成。真正的快乐只能由奋斗的艰苦转化而来。不经历风雨怎能见彩虹,不经历人生的苦难,怎能享受到人生的乐趣?大学生要努力做迎难而上、艰苦奋斗的开拓者。

树立正确的顺逆观。顺境和逆境是人生历程中两种不同的境遇。在顺境中前进,如同顺水行舟,天时、地利、人和等有利因素,使人们更容易接近和实现目标。但是,顺境中的宽松气氛、优越条件,又容易使人滋生骄娇二气,自满自足,意志衰退。在逆境中奋斗,犹如逆水行舟,不进则退,需要付出更大的努力和更多的艰辛才可能成功。在逆境中奋斗,会有顺境中难以得到的获得感和成就感。逆境的恶劣环境,对于挑战者而言,可以磨炼意志、陶冶品格、积累战胜困难的经验、丰富人生阅历。顺势而快上,乘风而勇进,这是身处顺境的学问,是善于抓住机遇不断丰富与完善自己的途径;处低谷而力争,受磨难而奋进,这是身处逆境的学问,是将压力变成动力之所为。无论是顺境还是逆境,对人生的作用都是双重的,关键是怎样去认识和对待它们。只有善于利用顺境,勇于正视逆境和战胜逆境,人生价值才能够实现。

树立正确的生死观。生命的历程是一个从生到死的过程,有生必有死,这是恒常不变的自然现象。生与死是贯穿人生始终的一对基本矛盾。从一定意义上说,正是因为生命短促,每个人只有一次生命,才更显示了人生的弥足珍贵。要牢固树立生命可贵的意识,倍加爱护自己和他人的生命,理性面对生老病死的自然规律,努力使自己的生命绽放人生应有的光彩。同时,人的生命是有限的,而生命的价值却是无限的。我们无法增加生命的长度,却能追求生命应有的高度。大学生应当珍惜韶华,努力给有限的个体生命赋予更有价值的意义。

树立正确的荣辱观。荣辱是一对基本道德范畴,"荣"即荣誉,是指社会对个人履行社会义务所给予的褒扬与赞许,以及个人所产生的自我肯定性心理体验;"辱"即耻辱,是指社会对个人不履行社会义务所给予的贬斥与谴责,以及个人所产生的自我否定性心理体验。荣辱观是人们对荣辱问题的根本看法和态度,是一定社会思想道德原则和规范的体现和表达。只有具备正确的荣辱观,明确是非、对错、善恶、美丑的界限,坚持以热爱祖国为荣、以危害祖国为耻,以服务人民为荣、以背离人民为耻,以崇尚科学为荣、以愚昧无知为耻,以辛勤劳动为荣、以好逸恶劳为耻,以团结互助为荣、以损人利己为耻,以诚实守信为荣、以见利忘义为耻,以遵纪守法为荣、以违法乱纪为耻,以艰苦奋斗为荣、以骄奢淫逸为耻,才会在纷繁复杂的社会生活中明确应当坚持和提倡什么,反对和抵制什么,从而为自身判断行为得失,作出道德选择,确定价值取向,提供基本的价值准则和行为规范。

二、反对错误人生观

反对拜金主义。金钱作为物质财富,为人所创造并为人服务。人应当是金钱的主人,而不是金钱的奴隶;应当依靠自己的劳动创造财富,合理合法获取金钱。同时,金钱不是万能的,生活中还有许多远比金钱更有意义的东西值得我们去追寻。拜金主义是一种认为金钱可以主宰一切,把追求金钱作为人生至高目的的思想观念。拜金主义将金钱神秘化、神圣化,视金钱为圣物,把追逐和获取金钱作为人生的目的和生活的全部意义,金钱成为衡量人生价值的唯一标准。拜金主义是引发自私自利、钱权交易、行贿受贿、贪赃枉法等丑恶现象的重要思想根源。

反对享乐主义。享乐主义是一种把享乐作为人生目的,主张人生就在于满足感官的需求与快乐的思想观念。把享乐尤其是感官的享乐变成人生的唯一目的,作为一种"主义"去诠释人生的根本意义,是对人的需要的一种错误理解。一些大学生用父母辛苦劳作挣来的血汗钱追逐名牌和奢侈品,比阔气、讲排场,在消费上超出自己的承受能力,有的甚至因此负债累累。这些错误的观念和行为,不仅危害大学生的健康成长,而且败坏社会风气。

反对极端个人主义。个人主义是以个人利益为出发点和归宿的一种思想体系和道德原则,它主张个人本身就是目的,具有最高价值,社会和他人只是达到个人目的的手段。个人主义是生产资料私有制的产物,是资产阶级人生观的核心。在资产阶级革命的早期,在争取个人权利和自由、反对封建专制方面,个人主义具有一定的积极意义,但是一些敏锐的资产阶级思想家很早就已经意识到它同时还具有销蚀社会的一面。极端个人主义是个人主义的一种表现形式,它突出强调以个人为中心,在个人与他人、个人与社会的关系上表现为极端利己主义和狭隘功利主义。同学们应旗帜鲜明地予以反对。

拜金主义、享乐主义、极端个人主义等错误的人生观,没有正确把握个人与社会的辩证关系,忽视或否认社会性是人的存在和活动的本质属性,对人的需要的理解极端、狭隘和片面,其出发点和落脚点都是一己之私利。

三、成就出彩人生

当代大学生担当新时代赋予的历史责任,应当与历史同向、与祖国同行、与人民同在,在服务人民、奉献社会的实践中创造有意义的人生。

与历史同向。要正确认识世界和中国发展大势,尊重顺应历史的选择和人民的选择,准确把握中国发展的重要战略机遇期,提升民族自信心,增强时代责任感,与历史同步伐,与时代共命运。

与祖国同行。当代中国正处于中华民族伟大复兴的关键时期,建设社会主义现代化强国任重道远。要正确认识国家和民族赋予的历史责任和使命,自觉与国家和民族共奋进、同发展。

与人民同在。要在为人民群众服务、实现人民群众利益的过程中实现人生价值,走与人民群众相结合的道路,向人民群众学习,从人民群众中汲取营养,做中国最广大人民根本利益的维护者。

社会实践是科学理论、创新思维的源泉,是检验真理的试金石,也是青年锻炼成长的有效途径和实现人生价值的必由之路。广大青年要坚定理想信念,志存高远,脚踏实地,勇做新时代的弄潮儿,在实现中国梦的生动实践中放飞青春梦想,在为人民利益的不懈奋斗中书写人生华章!

习题训练

(一) 单项选择题

1. 人生观决定着人生道路的方向,也决定着人们行为选择的价值取向和用什么样的方式对待实际生活,其核心是(　　)。

   A. 人生价值　　B. 人生目的　　C. 人生态度　　D. 人生信仰

2. 马克思运用辩证唯物主义和历史唯物主义的立场观点方法,揭开了人的本质之谜。他指出:"人的本质不是单个人所固有的抽象物,在其现实性上,它是一切社会关系的总和。"这说明(　　)是人的本质属性。

   A. 社会属性　　B. 自然属性　　C. 动物属性　　D. 物质属性

3. 关于"人的本质"的观点,正确的是(　　)。

   A. 人的本质就是人的自然属性

   B. 人的本质是自由的

   C. 人的本质是自私的

D. 人的本质是一切社会关系的总和

4. 人生目的是对人（　　）这一人生根本问题的认识和回答。

　　A. 为什么发展　　B. 为什么活着　　C. 为什么工作　　D. 为什么努力

5. （　　）是科学、高尚的人生观。

　　A. 自私自利的人生观　　　　　B. 物欲享乐的人生观

　　C. 为人民服务的人生观　　　　D. 合理利己主义的人生观

6. 我们应当确立的高尚的人生目的是（　　）。

　　A. 享乐主义的人生目的

　　B. 金钱拜物教的人生目的

　　C. 服务人民、奉献社会的人生目的

　　D. 为个人和全家求温饱的人生目的

7. 人生的社会价值主要表现为（　　）。

　　A. 个人对自己生命存在的肯定

　　B. 个人对自己生命活动需要的满足程度

　　C. 个人的自我尊重和自我完善

　　D. 个人的实践活动对社会、他人所具有的价值

8. 下列有关人与金钱的说法中错误的是（　　）。

　　A. 金钱拜物教使人唯利是图，损人利己

　　B. 人应当是金钱的主人，而不是金钱的奴隶

　　C. 金钱可以主宰一切，追求金钱是人生的至高目的

　　D. 应当依靠自己的劳动创造财富，合理合法获取金钱

9. 钱学森说："我作为一名中国的科技工作者，活着的目的就是为人民服务。如果人民最后对我的一生所做的工作表示满意的话，那才是最高的奖赏。"这说明（　　）是评价人生价值的根本尺度。

　　A. 个体在社会中的地位和影响

　　B. 个体从社会获得的尊重和满足程度

　　C. 个体对社会和他人的贡献和意义

　　D. 个体的自由发展和自我实现

10. 爱因斯坦说过："一个人对社会的价值，首先取决于他的感情、思想

和行动对增进人类利益有多大作用,而不应看他取得什么。"这句话说明,人的社会价值的实质是( )。

　　A. 个人对社会的责任和贡献　　B. 社会对个人的尊重和满足
　　C. 个人在社会中的存在并获取　　D. 个人的自由发展自我实现

11. 下列选项不属于人生观范畴的是( )
　　A. 人为什么活着　　　　　　　B. 人应当如何活着
　　C. 个人在社会中的存在　　　　D. 什么样的人生才有价值

12. 只有以( )为核心内容的科学高尚的人生追求,才值得大学生终生尊奉和践行。
　　A. 格物、致知、诚意、正心　　B. 服务人民、奉献社会
　　C. 仁、义、礼、智、信　　　　D. 修身、齐家、治国、平天下

13. ( )是生产资料私有制的产物,是资产阶级人生观的核心。
　　A. 拜金主义　　B. 享乐主义　　C. 功利主义　　D. 个人主义

14. ( )是一种认为金钱可以主宰一切,把追求金钱作为人生至高目的的思想观念。
　　A. 拜金主义　　B. 享乐主义　　C. 功利主义　　D. 个人主义

15. ( )是一种主张人生就在于满足感官的需求与快乐的思想观念。
　　A. 拜金主义　　B. 享乐主义　　C. 功利主义　　D. 个人主义

16. 马克思说:"人们只有为同时代人的完美、为他们的幸福而工作,才能使自己也达到完美。如果一个人只为自己劳动,他也许能成为著名学者、大哲人、卓越诗人,然而他永远不能成为完美无疵的伟大人物。"这表明( )。

　　A. 自我价值和社会价值是矛盾统一体
　　B. 社会价值是实现自我价值的基础、保障
　　C. 自我价值是个体生存发展的必要条件
　　D. 提高素质能力是实现人生价值的根本保证

17. 著名科学家钱三强讲过:追求物质享乐,有其一定的合理性,但这种享乐是比较低层次的,有为青年应该有更高尚的追求。科学家的重大发明创造、作家的优秀作品、企业家创造的巨额财富,都超出了个人享受的范

畴,这才是人生最大的乐趣、最高尚的追求、最有价值的幸福。这段论述启示我们,人生价值追求应该定位在(　　)。

A. 肯定自己的生命存在

B. 获取更多的金钱,掌握更大的权力

C. 得到社会的尊重和满足

D. 为社会创造尽可能多的物质财富和精神财富

18. 著名科学家、教育家钱伟长说过:"国家的需要就是我的专业,我希望国家强大起来!"这说明(　　)是评价人生价值的根本尺度。

A. 个体的自由发展和自我实现

B. 个人的实践对于自身的意义

C. 社会对个人的尊重和满足程度

D. 个体对社会和他人的贡献和意义

(二)多项选择题

1. 人生观的主要内容包括(　　)。

A. 人生目的　　　　　　　　B. 人生态度

C. 人生价值　　　　　　　　D. 人生信仰

2. 人生观是人们对人生目的和人生意义的根本看法和态度。下列选项属于人生观范畴的有(　　)。

A. 人为什么活着　　　　　　B. 什么样的人生才有价值

C. 思维和存在的关系如何　　D. 人应当如何活着

3. 人生观和世界观的关系是(　　)。

A. 世界观包含人生观

B. 世界观决定人生观

C. 人生观决定世界观

D. 人生观对世界观的巩固、发展和变化起着重要作用

4. 没有积极进取的人生态度,再崇高的人生目标也难以真正实现。大学生应保持的积极进取的人生态度有(　　)。

A. 人生须认真　　　　　　　B. 人生当务实

C. 人生应乐观　　　　　　　D. 人生要进取

5. 大学生要在科学高尚的人生观指引下,正确对待人生矛盾,自觉抵制错误观念,努力提升人生境界,成就出彩人生。辩证对待人生矛盾,具体来说,需要做到树立正确的幸福观、(　　　)、荣辱观。

A. 得失观　　　B. 苦乐观　　　C. 顺逆观　　　D. 生死观

6. "个人的抱负不可能孤立地实现,只有把它同时代和人民的要求紧密结合起来,用自己的知识和本领为祖国为人民服务,才能使自身价值得到充分实现。"这句话蕴含的哲理有(　　　)。

A. 人生价值的本质是个人对社会的责任和贡献

B. 一个高尚的人只有社会价值而没有自我价值

C. 社会对个人的尊重和满足决定人生社会价值的实现程度

D. 人生的自我价值必须与社会价值相结合,并通过社会价值表现出来

(三) 辨析题

1. 人生态度决定人生目的。
2. 个人与社会是对立统一的关系,两者相互依存、相互制约、相互促进。
3. 实现人生价值要从社会客观条件出发。
4. 要反对拜金主义。
5. 要反对极端个人主义。

(四) 简答题

1. 为什么要树立正确的人生观?
2. 如何正确评价人生价值?
3. 如何树立正确的幸福观?
4. 如何树立正确的顺逆观?

(五) 论述题

1. 如何理解人生目的、人生态度和人生价值的关系?
2. 根据马克思主义关于个人与社会关系的原理说明人生的自我价值与社会价值的关系。

参考答案

(一) 单项选择题

1. B 2. A 3. D 4. B 5. C 6. C 7. D 8. C 9. C 10. A 11. C 12. B 13. D 14. A 15. B 16. B 17. D 18. D

(二) 多项选择题

1. ABC 2. ABD 3. ABD 4. ABCD 5. ABCD 6. AD

(三) 辨析题

1. 错误。人生目的是指生活在一定历史条件下的人在人生实践中关于自身行为的根本指向和人生追求。人生目的是对"人为什么活着"这一人生根本问题的认识和回答，是人生观的核心，在人生实践中具有重要的作用。人生目的决定人生态度。人生道路上有时会一帆风顺，有时会崎岖不平，面对各种各样的矛盾和斗争，不同的人生目的会使人持有不同的人生态度。正确的人生目的可以使人无所畏惧、顽强拼搏、积极进取、乐观向上；错误的人生目的则会使人或是投机钻营、违法犯罪，或是虚度人生、放纵人生，或是悲观消沉、厌世轻生。在历史上和现实生活中，许多事业有成者，无不是在正确的人生目的支配下，以昂扬乐观的人生态度正确对待人生道路上的顺逆曲直。人生态度是指人们通过生活实践形成的对人生问题的一种稳定的心理倾向和精神状态。人生态度是人生观的重要内容。一个人对人生的态度如何，往往又制约着他对整个世界和人生的看法，从而对个人的世界观、人生观产生重要的影响。

2. 正确。社会是由一个个具体的人组成的，离开了人就没有社会，社会是人的存在形式。同时，人是社会的人，离开了社会人也无法生活。社会犹如一个有生命、有活力的有机体，个人犹如这个有机体中的细胞。只有有机体的所有细胞都充满活力，这个有机体才能是生气勃勃和生长旺盛的；细胞如果脱离了有机体，也将失去赖以存在的必要条件。社会成员素质的不断提高是社会发展的重要基础，推动和实现人的全面发展是社会发展的根本目标。

3. 正确。人生价值是在社会实践中实现的，人的创造力的形成、发展和发挥都要依赖于一定的社会客观条件。在人类历史上，许多有抱负有才能的人之所以未能实现自己的人生价值追求，就是因为缺乏一定的社会客观条件。一般说来，随着社会的进步,人生价值实现的社会客观条件也在不断改善。

4. 正确。金钱作为物质财富,为人所创造并为人服务。人应当是金钱的主人,而不是金钱的奴隶;应当依靠自己的劳动创造财富,合理合法获取金钱。拜金主义是一种认为金钱可以主宰一切,把追求金钱作为人生至高目的的思想观念。拜金主义将金钱神秘化、神圣化,视金钱为圣物,把追逐和获取金钱作为人生的目的和生活的全部意义,金钱成为衡量人生价值的唯一标准。拜金主义是引发自私自利、钱权交易、行贿受贿、贪赃枉法等丑恶现象的重要思想根源。所以,要反对拜金主义。

5. 正确。个人主义是以个人利益为出发点和归宿的一种思想体系和道德原则,它主张个人本身就是目的,具有最高价值,社会和他人只是达到个人目的的手段。极端个人主义是个人主义的一种表现形式,它突出强调以个人为中心,在个人与他人、个人与社会的关系上表现为极端利己主义和狭隘功利主义。同学们应旗帜鲜明地予以反对。

(四) 简答题

1. 人生观就是人们关于人生目的、人生态度、人生价值等问题的总观点和总看法。马克思运用辩证唯物主义和历史唯物主义的立场观点方法,揭开了人的本质之谜。他指出:"人的本质不是单个人所固有的抽象物,在其现实性上,它是一切社会关系的总和。"这一论断,在人类历史上第一次科学说明了人的本质,为人们认识人生、形成正确的人生观提供了科学的方法论。任何人都是处在一定的社会关系中从事社会实践活动的人。社会属性是人的本质属性。每一个人从来到人世的那天起,就从属于一定的社会群体,同周围的人发生各种各样的社会关系。人生观决定着人生道路的方向,也决定着人们行为选择的价值取向和用什么样的方式对待实际生活。因此,有什么样的人生观就会有什么样的人生。人的生命只有一次,理应严肃认真地思考人生,努力领悟人生的真谛,选择正确的人生道路,树立崇高的人生追求,实现应有的人生价值。所以,大家要树立正确的人生观,明确人生目的、端正人生态度、认识人生价值,为创造有意义有价值的人生奠定良好的基础。

2. 人的社会性决定了人生的社会价值。评价人生价值的根本尺度,是看一个人的实践活动是否符合社会发展的客观规律,是否促进了历史的进步。在今天,衡量人生价值的标准,最重要的就是看一个人是否用自己的劳动和聪明才智为国家和社会真诚奉献,为人民群众尽心尽力服务。客观、公正、准确地评价社会成员人生价值的大小,除了要掌握科学的标准外,还需要掌握恰当的评价方法。坚持能力有大小与贡献须尽力相统一；坚持物质贡献与精神贡献相统一；坚持完善自身与贡献社会相统一。

3. 幸福都是奋斗出来的。"奋斗本身就是一种幸福。只有奋斗的人生才称得上幸福的人生。"奋斗者是精神最为富足的人，也是最懂得幸福、最享受幸福的人。首先，幸福是一个总体性范畴，它意味着人总体上生活得美好，家庭和睦、职业成功、行为正当、人格完善等都是幸福的重要因素。幸福总是相对的，不是尽善尽美的，不同的人有不同的幸福标准。追求幸福的过程就是不满足于现状、不断追求和创造更美好生活的过程。其次，实现幸福离不开一定的物质条件，物质需要的满足、物质生活的富足是幸福的重要方面，但人的幸福不能仅仅局限于物质方面，精神需要的满足、精神生活的充实也是幸福的重要方面。再次，在追求幸福的过程中，我们不能把自己的幸福建立在损害社会整体和他人利益的基础上。相反，只有在为社会作贡献、为他人服务的过程中，我们才能获得幸福所需要的环境和条件，产生更大的幸福感，实现个人幸福与社会进步的相互促进。

4. 顺境和逆境是人生历程中两种不同的境遇。在顺境中前进，如同顺水行舟，天时、地利、人和等有利因素，使人们更容易接近和实现目标。但是，顺境中的宽松气氛、优越条件，又容易使人滋生骄娇二气，自满自足，意志衰退。在逆境中奋斗，犹如逆水行舟，不进则退，需要付出更大的努力和更多的艰辛才可能成功。在逆境中奋斗，会有顺境中难以得到的获得感和成就感。逆境的恶劣环境，对于挑战者而言，可以磨炼意志、陶冶品格、积累战胜困难的经验、丰富人生阅历。顺势而快上，乘风而勇进，这是身处顺境的学问，是善于抓住机遇不断丰富与完善自己的途径；处低谷而力争，受磨难而奋进，这是身处逆境的学问，是将压力变成动力之所为。在人生旅途中没有永远的顺境，也没有永远的逆境。因此，无论是顺境还是逆境，对人生的作用都是双重的，关键是怎样去认识和对待它们。只有善于利用顺境，勇于正视逆境和战胜逆境，人生价值才能够实现。

（五）论述题

1. 人生观的主要内容包括人生目的、人生态度和人生价值。人生目的回答人为了什么活着，人生态度回答人应当如何活着，人生价值回答什么样的人生才有价值。这三个方面相互联系、相辅相成，统一为一个有机整体。

人生目的是指生活在一定历史条件下的人在人生实践中关于自身行为的根本指向和人生追求。人生目的是对"人为什么活着"这一人生根本问题的认识和回答，是人生观的核心,在人生实践中具有重要的作用。人生目的决定人生道路;人生目的决定人生态度;人生目的决定人生价值选择。人生态度是指人们通过生活实践形成的对人生问题的一种稳定的心理倾向和精神状态。人生态度是人生观的重要内容。一个人对人生的态度如何,往往制约着他对整个世界和人生的看法,从而对个人的世界观、人生观产生重要的影响。人生价值是指人的生命及其实践活动对于社会和个人所具有的作用和意义。选择什么样的人生目的,走什么样的人生道路,如何处理生命历程中个人与社会、现实与理想、付出与收获、生与死等一系列人生中的重大问题,人们总是有所取舍、有所好恶,对于赞成什么、反对什么、认同什么、抵制什么,总会有一定的标准。这些都与人们对人生价值的看法密切相关。

人生目的表明人的一生追求什么,人生态度表示以怎样的心态实现人生目标,人生价值判定一个具体人生的价值和意义。其中,人生目的决定着人们对待实际生活的基本态度和人生价值的评判标准,人生态度影响着人们对人生目的的持守和人生价值的评判,人生价值制约着人生目的和人生态度的选择。大学生只有深刻理解人生目的、人生态度、人生价值三者间的辩证统一关系,才能准确把握人生,树立正确的人生观。

2. 马克思运用辩证唯物主义和历史唯物主义的立场观点方法,揭开了人的本质之谜。他指出:"人的本质不是单个人所固有的抽象物,在其现实性上,它是一切社会关系的总和。"任何人都是处在一定的社会关系中从事社会实践活动的人。社会属性是人的本质属性。

人生价值是指人的生命及其实践活动对于社会和个人所具有的作用和意义。人生价值内在地包含了人生的自我价值和社会价值两个方面。人生的自我价值,是个体的人生活动对自己的生存和发展所具有的价值,主要表现为对自身物质和精神需要的满足程度。人生的社会价值,是个体的实践活动对社会、他人所具有的价值。人生的自我价值和社会价值,既相互区别,又密切联系、相互依存,共同构成人生价值的矛盾统一体。一方面,人生的自我价值是个体生存和发展的必要条件,人生的自我价值的实现是个体为社会创造更大价值的前提。个体的人生活动不仅具有满足自我需要的价值属性,还必然地包含着满足社会需要的价值属性。个体通过努力提高自我价值的过程,也是其创造社会价值的过程。另一方面,人生的社会价值是社会存在和发展的重要条件,人生社会价值的实现是个体自我完善、全面发展的保障。没有社会价值,人生的自我价值就无法存在。人是社会的人,这不仅意味着个体物质和精神的需要必须在社会中才能得到满足,还意味着以怎样的方式和在多大程度上得到满足也是由社会决定的。

阅读思考

(一)

材料1

青年朋友们,人的一生只有一次青春。现在,青春是用来奋斗的;将来,青春是用来回忆的。人生之路,有坦途也有陡坡,有平川也有险滩,有直道也有弯路。青年面临的选择很多,关键是要以正确的世界观、人生观、价值观来指导自己的选择。无数人生成功的事实表明,青年时代,选择吃苦也就选择了收获,选择奉献也就选择了高尚。青年时期多经历一点摔打、挫折、考验,有利于走好一生的路。要历练宠辱不惊的心理素质,坚定百折不挠的进取意志,保持乐观向上的精神状态,变挫折为动力,用从挫折中吸取的教训启迪人生,使人生获得升华和超越。总之,只有进行了激情奋斗的青春,只有进行了顽强拼搏的青春,只有为人民作出了奉献的青春,才会留下充实、温暖、持久、无悔的青春回忆。

——习近平:《在同各界优秀青年代表座谈时的讲话》(2013年5月4日),新华网,http://www.xinhuanet.com//2013-05/04/c_115639203.htm。

材料2

……"学而不思则罔,思而不学则殆。"是非明,方向清,路子正,人们付出的辛劳才能结出果实。面对世界的深刻复杂变化,面对信息时代各种思潮的相互激荡,面对纷繁多变、鱼龙混杂、泥沙俱下的社会现象,面对学业、情感、职业选择等多方面的考量,一时有些疑惑、彷徨、失落,是正常的人生经历。关键是要学会思考、善于分析、正确抉择,做到稳重自持、从容自信、坚定自励。要树立正确的世界观、人生观、价值观,掌握了这把总钥匙,再来看看社会万象、人生历程,一切是非、正误、主次,一切真假、善恶、美丑,自然就洞若观火、清澈明了,自然就能作出正确判断、作出正确选择。正所谓"千淘万漉虽辛苦,吹尽狂沙始到金"。

——习近平:《青年要自觉践行社会主义核心价值观——在北京大学师生座谈会上的讲话》(2014年5月4日),新华网,http://www.xinhuanet.com//politics/2014-05/05/c_1110528066_3.htm。

材料3

"芳林新叶催陈叶,流水前波让后波。"每一代青年都有自己的际遇。现在高校学生大多是"九五后",再过两年,新世纪出生的青少年也将走进高校校园。他们朝气蓬勃、好学上进、视野宽广、开放自信,是可爱、可信、可为的一代。对当代高校学生,党和人民充分信任、寄予厚望。

——习近平:《在全国高校思想政治工作会议上的讲话》(2016年12月7日),人民网,http://cpc.people.com.cn/xuexi/n1/2018/0509/c385474-29974086.html。

材料4

习近平强调,中国的未来属于青年,中华民族的未来也属于青年。青年一代的理想信念、精神状态、综合素质,是一个国家发展活力的重要体现,也是一个国家核心竞争力的重要因素。当今中国最鲜明的时代主题,就是实现"两个一百年"奋斗目标、实现中华民族伟大复兴的中国梦。当代青年要树立与这个时代主题同心同向的理想信念,勇于担当这个时代赋予的历史责任,励志勤学、刻苦磨炼,在激情奋斗中绽放青春光芒、健康成长进步。

——《习近平在中国政法大学考察》(2017年5月3日),新华网,http://www.xinhuanet.com/politics/2017-05/03/c_1120913310.htm。

思考:

1. 为什么青年要树立正确的世界观、人生观、价值观,勇于担当时代赋予的历史责任?

2. 如何理解新时代大学生是"可爱、可信、可为的一代","中国的未来属于青年,中华民族的未来也属于青年"?

(二)

材料1

2018年5月2日,习近平总书记考察北京大学,在与师生们的座谈会上,北京大学心理与认知科学学院本科四年级学生、退役大学生士兵宋玺作为学生代表发言,汇报了自己学习和当兵的经历,表达了"争做担当民族复兴大任的时代新人"的决心。

作出这样的承诺,宋玺是有底气的。2015年9月,宋玺从北京大学入伍,加入海军陆战队。2016年12月,她成为中国海军第25批赴亚丁湾护航编队唯一的女陆战队员。今年3月,她的事迹在央视《欢乐中国人》节目播出后,这位90后退役女兵的奋斗经历在网络刷屏。

材料2

"为什么去当兵?"是宋玺被问及最多的一个问题。"当兵是我从小的梦想。"宋玺的父亲曾是一名军人,自小在部队大院长大的她受父亲影响,有很深的军人情结,即便后来考上北京大学,想当兵的念头也从未消失。

其实,在同学、老师和亲友眼中,宋玺的大学生活已足够精彩。来到北京大学后,多才多艺的宋玺成为校园十佳歌手、电台主播、运动达人,活跃在各种舞台,还作为学校合唱团领唱与同学们一起参加了第八届世界合唱比赛,并赢得2枚金牌。但宋玺对这样的青春经历并不满足,"我总觉得还少了点什么,因为儿时的那个梦想还没实现"。

北京大学武装部李纬华老师的邮箱里,至今还留存着宋玺连续3年报名参军的邮件,"她前两次报名,都因为家人反对、怕她到部队吃不了苦而未能成行。"2015年,宋玺再次看到了学校的征兵宣传海报。这一次,她选择了"先斩后奏",完成报名、体检后才告诉了家人。李纬华印象更深的是,直到2015年离校入伍时,宋玺也从来没向他咨询过大学生当兵的各项优惠政策。他问宋玺,是否了解一下相关政策。"不用了,当兵本来就是一件非常纯粹的事。"宋玺干脆地回答。

材料3

宋玺梦想中的军营生活,最初与她并不十分"契合"。因为班长眼中的"举止散漫",她几次受到批评,情绪一度很低落。但宋玺忘不了临行前作出的承诺,"当兵就当最好的兵"。

宋玺和自己较上了劲,5公里越野、攀爬铁丝网、战术射击……每项训练课目她都不断给自己加码,以全优成绩从新兵实战化考核中脱颖而出,同时受到多个单位的青睐。最终,她选择了去海军陆战队,因为"可以在最艰苦的地方磨炼自己"。

2016年海训期间恰逢"七一",宋玺和战友们来到海训所在岛最大的一块礁石上,对着党旗重温入党誓言。"那种仪式感极为强烈,党旗在前,身边大海孤岛为证,我再次感受到入党时的赤诚之心,坚定了为保护好祖国领土领海完整而牺牲奉献的决心。"

因为表现优异,2016年12月,宋玺入选中国海军第25批护航编队,远赴亚丁湾、索马里海域执行护航任务。2017年4月8日,一艘图瓦卢籍货船遭遇不明数量海盗登船袭击,中国海军16名特战队员急速出击,成功解救19名外籍船员。作为特战队员的宋玺,时刻准备增援,也时刻盼望着战友们能平安归来。当听到被解救的外籍船员大声喊着"Thank you, China(感谢中国)"时,热泪盈眶的宋玺真切感到祖国的强大,也为成为一名中国军人而倍感自豪。

材料4

返校继续学业的宋玺,仍一直坚持以军人的作风和标准严格要求自己。"部队经历赋予我的使命感与责任感,我永远牢记在心。""很多人认为当兵又苦又累,其实选择了奉献也就选择了收获,而当兵的收获远比奉献要多得多。如果说军旅生活让我成长为一个勇敢坚强、信念坚定的人,我也希望自己的经历能激励更多的人选择去勇敢体验不同的成长历程,去成为更好的自己。"

有了荣誉,意味着身上的责任更重。半年多以来,宋玺远赴上海、辽宁、新疆等地的高校和中小学举行征兵或国防教育讲座,为国防事业贡献着自己的一分力量。现在,她还担任北京大学学生军事理论课助教、北京大学心理与认知科学学院团委副书记及兼职辅导员,经常组织或参加一些公益活动,希望能传播更多正能量,"每个人都是一分力量,现在我们生活在一个美好的时代,国家也为我们提供了良好的发展平台,只要你有梦想,就应该努力为之奋斗,不留遗憾。"

——材料1~材料4均参见鲁文帝:《"最美退役军人"宋玺:当兵就当最好的兵》,中国军网综合,http://www.81.cn/jwgz/2018-12/03/content_9363043.htm。

思考：

1. 如何理解宋玺所说的"当兵本来就是一件非常纯粹的事""当兵就当最好的兵""选择奉献也就选择了收获"？

2. 宋玺的人生道路选择和军旅经历对当代大学生"争做担当民族复兴大任的时代新人"有怎样的启示？

第二章　坚定理想信念

内容概述

本章的主题是理想信念，以"坚定理想信念"为章题，共设有三节，分别是"理想信念的内涵及重要性""崇高的理想信念""在实现中国梦的实践中放飞青春梦想"。在逻辑结构上，本章是对第一章关于人生问题探讨的进一步展开，着力引导大学生胸怀理想、执着信念，脚踏实地、艰苦奋斗，深刻体悟青春只有在为祖国和人民的真诚奉献中才能更加绚丽多彩，人生只有融入国家和民族的伟大事业才能闪闪发光。

要把理想信念教育作为思想建设的战略任务，保持在理想追求上的政治定力，在着力阐明理想信念基本理论问题的基础上，引导大学生树立马克思主义的科学信仰，确立中国特色社会主义共同理想和共产主义远大理想，将追求自身成长成才成功的个人梦与实现中华民族伟大复兴的中国梦相连相通。

第一节　理想信念的内涵及重要性

本节概述理想与信念的含义、特征，理想信念对大学生的重要作用与意义。

理想信念是人的精神世界的核心，是人精神上的"钙"。没有理想信念，理想信念不坚定，精神上就会"缺钙"，就会得"软骨病"。追求远大理想、坚定崇高信念,是大学生健康成长、成就事业、开创未来的精神支柱和前进动力。

一、什么是理想信念

(一) 理想的内涵与特征

理想是人们在实践中形成的、有实现可能性的、对未来社会和自身发展目标的向往与追求,是人们的世界观、人生观和价值观在奋斗目标上的集中体现。理想是多方面和多类型的,可分为个人理想和社会理想,近期理想和远期理想,生活理想、职业理想、道德理想和政治理想等。

理想具有超越性。理想不仅源于现实,而且超越现实。离开理想的指引,人们会失去前进的方向;离开现实的努力,理想同样不能实现。科学的理想是人的主观能动性与社会发展客观趋势的一致性的反映,是在正确把握社会历史发展客观规律的基础上形成的合乎社会发展要求、合乎人民利益的理想。

理想具有实践性。理想是处在特定历史条件下的人们对社会实践活动理性认识的结晶。理想的实现,同样也离不开实践。人们只有在改造客观世界和主观世界的过程中才能以实践为桥梁,化理想为现实。理想在实践中产生,在实践中发展,而且也只有在实践中才能得以实现。

理想具有时代性。理想的时代性,不仅体现为它受时代条件的制约,而且体现为它随着时代的发展而发展。随着社会的发展进步,随着对社会发展规律和人的发展规律认识的逐步深化,人们也会不断地调整、丰富和发展自己的理想。

(二) 信念的内涵与特征

信念也是人类特有的精神现象。信念是人们在一定的认识基础上确立的对某种思想或事物坚信不疑并身体力行的精神状态。信念是认知、情感和意志的有机统一体,为人们矢志不渝、百折不挠地追求理想目标提供了强大的精神动力。

信念具有执着性。信念一旦形成,不会轻易改变。坚定的信念使得人们具有强大的精神定力,不为利益所动,不为诱惑所扰,不为困难所惧。

信念具有多样性。一方面,不同的人由于社会环境、思想观念、利益需要、人生经历和性格特征等方面的差异,会形成不同的信念;另一方面,同一个人也会形成不同类型和层次的信念,并由此构成其信念体系。

理想因其远大而为理想,信念因其执着而为信念,理想和信念相互依存。理想是信念所指的对象,信念则是理想实现的保障。离开理想这个人们确信和追求的目标,信念无从产生;离开信念这种对奋斗目标的执着向往和追求,理想寸步难行。在此意义上,理想和信念难以分割、紧密联系,理想信念动摇是最危险的动摇,理想信念滑坡是最危险的滑坡。

二、理想信念是精神之"钙"

理想指引方向,信念决定成败。理想信念是人生发展的内在动力,理想信念对大学生成长成才具有重要的作用。大学生追求理想,坚定信念的过程,就是感悟大学之道,确立青春坐标,掌控人生航向的过程,不仅要提高知识水平,增强实践才干,更要坚定崇高的理想信念。

理想信念昭示奋斗目标。理想信念是人生的精神支柱,有什么样的理想信念,就意味着以什么样的期望和方式去改造自然和社会,塑造和成就自身。在生活的海洋里,崇高的人生理想如同定向导航的灯塔,指引着人们朝着正确的方向前进。

理想信念提供前进动力。理想是一个人心中的"发动机",只有树立科学而又崇高的理想信念,才能拥有披荆斩棘、锲而不舍的人生动力,无惧人生的各种考验,勇敢地向着人生的目标前进,使宝贵的人生富有价值。

理想信念提高精神境界。追求理想和实现理想的过程,是一个人思想境界、精神面貌、情操志趣、生活态度和生活质量逐步提升、不断完善的过程。反之,一个人精神上"缺钙",就会荒废学业、游戏人生、虚度年华。

大学生只有树立崇高的理想信念,才能激发起为民族复兴和人民幸福而发愤学习的强烈责任感与使命感,掌握建设祖国、服务人民的本领。才能把个人的奋斗志向同国家和民族的前途命运紧紧联系在一起,使理想信念之花结出丰硕的成长成才之果。

第二节　崇高的理想信念

本节概述新时代大学生应当确立马克思主义的科学信仰,树立共产主义的远大理想和中国特色社会主义共同理想。加强思想修养、提高精神境界,必须牢牢把握理想信念这个核心。要实现国家的繁荣富强、民族的伟大复兴、人民的美好生活,离不开崇高理想信念的有力支撑。

一、为什么要信仰马克思主义

大学生要坚定理想信念,必须建立在对马克思主义的深刻理解、对历史规律的深刻把握之上。要不断提高马克思主义思想觉悟和理论水平,保持对远大理想和奋斗目标的清醒认知和执着追求。两个世纪过去了,人类社会发生了巨大而深刻的变化,但马克思的名字依然在世界各地受到人们的尊敬,马克思的学说依然闪烁着耀眼的真理光芒!马克思主义作为我们立党立国的根本指导思想,是近代以来中国历史发展的必然结果,是中国人民长期探索的历史选择,也是由马克思主义严密的科学体系、鲜明的阶级立场和巨大的实践指导作用决定的。

马克思主义是科学的理论,创造性地揭示了人类社会发展规律,为人类指明了从必然王国向自由王国飞跃的途径,为人民指明了实现自由和解放的道路。

马克思主义是人民的理论,第一次创立了人民实现自身解放的思想体系,它植根人民之中,指明了依靠人民推动历史前进的人间正道。

马克思主义是实践的理论,指引着人民改造世界的行动,为人民认识世界、改造世界提供了强大精神力量。

马克思主义是不断发展的开放的理论,始终站在时代前沿。能够永葆其美妙之青春,不断探索时代发展提出的新课题、回应人类社会面临的新挑战。

马克思主义体现了科学性和革命性的统一。时代在变化,社会在发展,但马克思主义基本原理依然是科学真理。尽管我们所处的时代同马克思所处的时代相比发生了巨大而深刻的变化,但从世界社会主义五百年的大视野来看,我们依然处在马克思主义所指明的历史时代。这是我们对马克思主义保持坚定信心、对社会主义保持必胜信念的科学根据。

马克思主义具有鲜明的实践品格。实践性是马克思主义理论区别于其他理论的显著特征。170年来,正是在马克思主义的指导下,社会主义由空想变成科学,由科学理论转变为社会实践。特别是中国特色社会主义的成功实践,无可辩驳地证明马克思主义是认识世界和改造世界的强大思想武器,社会主义具有光明的未来。

马克思主义具有持久生命力。实践证明,马克思主义的命运早已同中国共产党的命运、中国人民的命运、中华民族的命运紧紧连在一起,它的科学性和真理性在中国得到了充分检验,它的人民性和实践性在中国得到了充分贯彻,它的开放性和时代性在中国得到了充分彰显!马克思主义是党和人民事业不断发展的参天大树之根本,是党和人民不断奋进的万里长河之泉源。

大学生坚定马克思主义信仰,最重要的是学习和掌握马克思主义的立场、观点、方法,确立正确的世界观和历史观,准确把握时代发展潮流,以科学的理想信念指引人生前进的道路和方向。

二、中国特色社会主义是我们的共同理想

有共同理想,才能有共同步调。大学生要牢固确立在中国共产党领导下走中国特色社会主义道路、为实现中华民族伟大复兴而奋斗的共同理想和坚定信念。坚定中国特色社会主义道路自信、理论自信、制度自信、文化自信,牢牢占据推动人类社会进步、实现人类美好理想的道义制高点。中国共产党人和中国人民完全有信心为人类对更好社会制度的探索提供中国方案。

中国特色社会主义是科学社会主义,不是别的什么主义。历史和现实都告诉我们,只有社会主义才能救中国,只有中国特色社会主义才能发展中国,只有坚持和发展中国特色社会主义才能实现中华民族伟大复兴!中国特色社会主义是改革开放以来党的全部理论和实践的主题,是党和人民历

尽千辛万苦、付出巨大代价取得的根本成就。新时代坚持和发展中国特色社会主义,总任务是实现社会主义现代化和中华民族伟大复兴,在全面建成小康社会的基础上分两步走,在本世纪中叶建成富强民主文明和谐美丽的社会主义现代化强国。

中国特色社会主义是中国共产党带领人民历经千辛万苦找到的实现中国梦的正确道路。改革开放以来我们取得一切成绩和进步的根本原因,归结起来就是:开辟了中国特色社会主义道路,形成了中国特色社会主义理论体系,确立了中国特色社会主义制度,发展了中国特色社会主义文化。中国特色社会主义道路是实现社会主义现代化、指引中国人民创造自己美好生活的必由之路。中国特色社会主义理论体系是指导党和人民沿着中国特色社会主义道路实现中华民族伟大复兴的正确理论,是立于时代前沿、与时俱进的科学理论。中国特色社会主义制度是当代中国发展进步的根本制度保障,是具有鲜明中国特色、明显制度优势、强大自我完善能力的先进制度。中国特色社会主义文化源自于中华民族5000多年文明历史所孕育的中华优秀传统文化,熔铸于党领导人民在革命、建设、改革中创造的革命文化和社会主义先进文化,植根于中国特色社会主义伟大实践,是中国人民胜利前行的强大精神力量。中国特色社会主义,既是我们必须不断推进的伟大事业,又是我们开辟未来的根本保证。

中国共产党的领导是中国特色社会主义最本质的特征。中国共产党是中国工人阶级的先锋队,同时是中国人民和中华民族的先锋队,是中国特色社会主义事业的领导核心。中国共产党自诞生之日起,就把为中国人民谋幸福、为中华民族谋复兴作为自己的初心和使命,并团结带领全国各族人民不懈奋斗,战胜各种艰难险阻,不断取得革命、建设、改革的伟大胜利。党政军民学,东西南北中,党是领导一切的。当今中国,只有中国共产党,才能领导中国人民坚持和发展中国特色社会主义,才能担当起带领中国人民创造幸福生活、实现中华民族伟大复兴的历史使命。

三、胸怀共产主义远大理想

马克思主义科学预测了未来社会的理想状态,指明了人类社会的发展方向。共产主义社会是物质财富极大丰富、实现按需分配、人的精神境界极大提高、每个人自由而全面发展的社会。共产主义只有在社会主义社会充分发展和高度发达的基础上才能实现。中国共产党从成立之日起,就确立了共产主义的远大理想,始终团结带领中国人民朝着这个伟大理想前行。

共产主义是现实运动和长远目标相统一的过程。共产主义是崇高的社会理想,是关于无产阶级解放的学说,同时也是一种现实运动。共产主义远大理想既是面向未来的,又是指向现实的,不仅反映了人们对未来社会的美好向往,更是一个从现实的人出发,不断满足人的现实利益需求、推进人的全面发展、推动社会发展进步的历史过程与现实运动。那种认为"共产主义是渺茫的幻想""共产主义没有经过实践检验"的观点,是完全错误的。

共产主义远大理想的最终实现是一个漫长、艰辛的历史过程,需要一代又一代人的不懈奋斗和接续努力。回顾共产主义运动的历史进程,从1848年《共产党宣言》问世到1917年第一个社会主义国家建立,从第二次世界大战后一大批社会主义国家勃然兴起到20世纪80年代末90年代初东欧剧变、苏联解体,再到新时代中国特色社会主义焕发出前所未有的生机和活力,社会主义和共产主义的理想与实践不仅没有戛然而止,没有像西方某些人所预言的那样进入历史博物馆,反而在长期的艰辛探索中展现出更加光明的前景。

要正确认识共产主义远大理想和中国特色社会主义共同理想之间的关系。实现共产主义是我们的远大理想,坚持和发展中国特色社会主义,就是向着远大理想所进行的实实在在的努力。心中有信仰,脚下有力量。走好新时代的长征路,大学生要不断增强中国特色社会主义道路自信、理论自信、制度自信、文化自信,自觉做共产主义远大理想和中国特色社会主义共同理想的坚定信仰者、忠实实践者,为崇高理想信念而矢志奋斗。

第三节 在实现中国梦的实践中放飞青春梦想

本节通过分析理想与现实的关系,个人理想与社会理想的辩证统一,阐释了广大青年要在实现中国梦的奋斗中努力实现个人梦。现实是此岸,理想是彼岸,唯有实践才是联系二者的桥梁。理想的实现,有赖于脚踏实地、持之以恒的奋斗。

一、理想与现实的关系

辩证看待理想与现实的矛盾。理想与现实是对立统一的。在日常生活中,一种认识偏向是用理想来否定现实,当发现现实不符合理想预期的时候,就对现实大失所望,甚至对现实采取全盘否定的态度。另一种认识偏向是用现实来否定理想,一遇到困难就产生畏难情绪,觉得理想遥不可及,丧失信心和勇气,直至最终放弃理想。这些认识误区,从思想方法上讲,是由于不能辩证地看待和处理理想与现实的矛盾。理想和现实存在对立的一面,属于"应然"和"实然"的矛盾冲突,推动人们去改造现实,创造未来,实现理想。理想与现实又是统一的,理想之树扎根于现实沃土。现实是理想的基础,理想是未来的现实。脱离现实而谈理想,理想就会成为空想。

充分认识实现理想的长期性、艰巨性和曲折性。理想的实现是一个过程。一般来说,理想越是远大,它的实现过程就越复杂,需要的时间也就越漫长。实现理想、创造未来,必须有战胜种种艰难险阻的坚定不移的信心和坚忍不拔的毅力。理想变为现实不是一帆风顺的,对前进道路上的困难缺乏思想准备,遭遇到一点困难、曲折或失败就灰心丧气、悲观失望,就会影响理想的实现。

艰苦奋斗是实现理想的重要条件。一个没有艰苦奋斗精神作支撑的民族,是难以自立自强的;一个没有艰苦奋斗精神作支撑的国家,是难以发展进步的;一个没有艰苦奋斗精神作支撑的政党,它的事业是难以兴旺发达的。艰苦奋斗是我们的传家宝。我们的国家,我们的民族,从积贫积弱一步一步走到今天的发展繁荣,靠的就是一代又一代人的顽强拼搏,靠的就是中华民族自强不息的奋斗精神。艰苦奋斗绝不是一时的权宜之计。那种认为"艰苦奋斗是老一辈的事,当代青年不需要艰苦奋斗"的观点,在理论上是错误的,在实践中是有害的。梦在前方,路在脚下。自胜者强,自强者胜。实现我们的发展目标,需要广大青年锲而不舍、驰而不息的奋斗,不断书写奉献青春的时代篇章。

理想信念不是拿来说、拿来唱的,更不是用来装点门面的,只有见诸行动才有说服力。大学生要把敢于吃苦、勇于奋斗的精神落实到日常的学习、生活和工作中。

二、个人理想与社会理想的统一

坚持个人奋斗目标与国家、民族的奋斗目标相统一,把个人理想融入社会理想之中,在为实现社会理想而奋斗的过程中实现个人理想,这是大学生成长成才的必由之路。

个人理想是指处于一定历史条件和社会关系中的个体对于自己未来的物质生活、精神生活所产生的种种向往和追求。社会理想是指社会集体乃至社会全体成员的共同理想,即在全社会占主导地位的共同奋斗目标。个人理想与社会理想的关系实质上是个人与社会关系在理想层面的反映,社会理想与个人理想相互联系、相互影响、相互制约、共同发展。

个人理想以社会理想为指引。追求个人理想的实践活动都是在社会中进行的,从根本上说它是由正确的社会理想规定的。同时,个人理想的实现,必须以社会理想的实现为前提和基础。因此,在整个理想体系中,社会理想是最根本、最重要的,而个人理想则从属于社会理想。个人理想只有同国家的前途、民族的命运相结合,个人的向往和追求只有同社会的需要和人民的利益相一致,才可能变为现实。

社会理想是对个人理想的凝练和升华。社会是个人的联合体,社会理想与个人理想密不可分。社会理想建立在众人的个人理想基础之上,归根到底要靠全体社会成员的共同努力来实现,并具体体现在每个社会成员为实现个人理想而进行的活生生的实践中。当社会理想同个人理想有矛盾冲突的时候,有志气、有抱负的人可以作出最大的自我牺牲,使个人的理想服从于全社会的共同理想。

"得其大者可以兼其小。"个人只有把人生理想融入国家和民族的事业中,才能最终成就一番事业。大学生对自己未来生活的追求和向往,不能脱离当代中国的社会现实。坚持和发展中国特色社会主义,实现中华民族的伟大复兴,是当代中国最大的现实,也是全体中国人民共同的社会理想。大学生要在社会理想的指引下,珍惜韶华、奋发有为,勇于追求个人理想,在实现社会理想的过程中努力实现个人理想。

三、为实现中国梦注入青春能量

中国梦凝结着无数仁人志士的慷慨悲歌,承载着全体中华儿女的美好期盼。大学生肩负实现中华民族伟大复兴中国梦的历史重任,只有把实现理想的道路建立在脚踏实地的奋斗上,才能放飞青春梦想,实现人生理想。

立志当高远。这里的"志"具有双重含义:一是对未来目标的向往,二是实现奋斗目标的顽强意志。志向,就是理想信念;立志,就是确立理想信念。大量事实告诉人们,那些在事业上取得伟大成就、对人类作出卓越贡献的人,都是在青年时期就立下了鸿鹄之志,并为之坚持不懈、努力奋斗的。

立志做大事。中国民主革命的先行者孙中山曾激励广大青年:要立志做大事,不要立志做大官。其中的道理就是希望青年以国家民族的命运为己任,而不要以个人的荣华富贵为人生的理想。在今天,做大事就是献身于新时代中国特色社会主义伟大事业。新时代的大学生应该把个人的命运与国家和人民的命运联系在一起,立为国奉献之志,立为民服务之志,在为实现社会理想而奋斗的过程中实现个人理想。

立志须躬行。通往理想的路是遥远的,但起点就在脚下,就在一切平凡的岗位上,就在扎扎实实的学习和工作中。大学生要牢记"空谈误国、实干兴邦",胸怀理想、坚定信念,志存高远、脚踏实地,勇做走在时代前列的奋进者、开拓者、奉献者。

祖国的富强、民族的繁荣、人民的幸福,需要每一个社会成员尽其才、奋其志。中国梦是中华民族的振兴之梦,也是每一个大学生的成才之梦。中国梦让生活在这个时代的大学生与祖国人民一起共同享有人生出彩的机会,共同享有梦想成真的机会,共同享有同祖国和时代一起成长与进步的机会。

广大青年既是追梦者,也是圆梦人。追梦需要激情和理想,圆梦需要奋斗和奉献。青春只有在为祖国和人民的真诚奉献中才能更加绚丽多彩,人生只有融入国家和民族的伟大事业才能闪闪发光。青年大学生要乘新时代春风,在奋斗中释放青春激情、追逐青春理想,以青春之我、奋斗之我,为民族复兴铺路架桥,为祖国建设添砖加瓦,让青春焕发出绚丽光彩,谱写壮美的青春之歌。

习题训练

(一) 单项选择题

1. ( )是指社会集体乃至全体成员的共同理想,即在全社会占主导地位的共同奋斗目标,代表和反映着社会占统治地位阶级的根本利益和共同愿望。

　　A. 社会理想　　B. 道德理想　　C. 职业理想　　D. 生活理想

2. 下列有关人们对未来的向往和追求中,属于社会理想的是( )

　　A. "三十亩地一头牛,老婆孩子热炕头"

　　B. "富贵不能淫,贫贱不能移,威武不能屈"

　　C. 谋一个适合自己的职位,干一番益于他人的事业

　　D. 把我国建设成为富强民主文明和谐美丽的社会主义现代化强国

3. 信念作为人们在一定的认识基础上确立的对某种思想或事物坚信不疑并身体力行的心理态度和精神状态,是( )。

　　A. 对思想和事物的正确认识　　B. 认识、情感、意志的有机统一体

　　C. 调整人们关系的准则　　　　D. 纯粹的知识或想法

4. 有了坚定的信念,就能精神振奋,克服困难,甚至生命受到威胁,也不轻易放弃内心的目标和追求。这说明,信念是( )。

　　A. 真理性的认识

　　B. 理想产生的源泉

　　C. 强大的精神力量

　　D. 对客观事物本质和发展规律的正确反映

5. 信念有科学信念和非科学信念之分。下列属于科学信念的是( )。

A. 生死有命,富贵在天

B. 金钱是万能的,有钱就有了一切

C. 个人本身就是目的,社会只是达到个人目的的一种手段

D. 社会主义必然代替资本主义,全世界最终必然实现共产主义

6. 一个人如果没有崇高理想或者缺乏理想,就会像一艘没有舵的船,随波逐流,难以顺利到达彼岸。这主要说明了理想是(　　)。

A. 人生的指路明灯

B. 人们的主观意志和想当然

C. 人们对未来缺乏客观根据的想象

D. 人们对某种思想理论所抱的坚定不移的观念和真诚信服的态度

7. 邓小平指出:"我们过去几十年艰苦奋斗,就是靠用坚定的信念把人民团结起来,为人民自己的利益而奋斗。没有这样的信念,就没有凝聚力。没有这样的信念,就没有一切。"这里强调说明的是(　　)。

A. 人与人之间必须团结互助

B. 艰苦奋斗是革命斗争的传家宝

C. 集体利益和个人利益是对立统一的

D. 科学信念是人们追求理想目标的强大动力

8. 习近平新时代中国特色社会主义思想,明确坚持和发展中国特色社会主义,总任务是实现社会主义现代化和中华民族伟大复兴,在本世纪中叶(　　)。

A. 基本实现社会主义现代化

B. 把我国建成富强民主文明和谐的社会主义现代化国家

C. 把我国建成富强民主文明和谐美丽的社会主义现代化强国

D. 使我国进入共产主义社会

9. 有共同理想,才能有共同步调。中国特色社会主义共同理想,基本内容就是在中国共产党领导下,坚持和发展中国特色社会主义,(　　),创造人民美好生活。

A. 推动构建人类命运共同体　　B. 全面建成小康社会

C. 构建社会主义和谐社会　　D. 实现中华民族伟大复兴

10. 中国共产党从成立之日起,就确立了( )的远大理想,始终团结带领中国人民朝着这个伟大理想前行。

  A. 民族主义 B. 共产主义 C. 社会主义 D. 爱国主义

11. 在中国共产党领导下,坚持和发展中国特色社会主义,实现( )的中国梦,必须走中国道路,弘扬中国精神,凝聚中国力量。

  A. 太平盛世   B. 全面小康社会

  C. 和谐世界   D. 中华民族伟大复兴

12. "千里之行,始于足下。"理想的实现,需要每个人从我做起,从现在做起,从平凡的工作做起。这是因为( )。

  A. 理想是人们的主观意志和想当然

  B. 社会实践是科学知识产生的源泉

  C. 把理想变为现实,要靠实实在在的实践

  D. 有坚定的信念,理想就会自动变为现实

13. "宝剑锋从磨砺出,梅花香自苦寒来。"这就体现出( )。

  A. 理想的生命力表现在对现实的肯定和接受

  B. 理想是对现实未来发展状况的随心所欲的想象

  C. 美好的理想离不开实践,需要艰苦奋斗

  D. 现实总是美好的,而理想中既有美好的一面,也有丑恶的一面

14. 理想和现实是一对矛盾,它们之间的关系既对立又统一。对于理想和现实的关系的理解,正确的是( )。

  A. 理想是现实的基础,现实是未来的理想

  B. 理想的生命力表现为对现实的肯定和接受

  C. 理想等同于现实,是不经任何努力立即可以实现的

  D. 理想总是美好的,而现实中既有美好的一面,也有丑陋的一面

15. 中华民族伟大复兴,绝不是轻轻松松、敲锣打鼓就能实现的,需要锲而不舍、驰而不息的努力。广大青年既是追梦者,也是圆梦人。( )是当代大学生通往理想彼岸的桥梁。

  A. 志存高远,敢于有梦   B. 勇于实践、艰苦奋斗

  C. 正确认识顺境和逆境   D. 辩证看待理想与现实的矛盾

16. 习近平总书记在同各界优秀青年代表座谈时,希望广大青年一定要( )。牢记"空谈误国、实干兴邦",从自身做起,从点滴做起,用勤劳的双手、一流的业绩成就属于自己的人生精彩,努力在实现中华民族伟大复兴中国梦的生动实践中放飞青春梦想。

　　A. 练就过硬本领　　　　　　B. 勇于创新创造

　　C. 矢志艰苦奋斗　　　　　　D. 锤炼高尚品格

17. 从理想的追求与实现的角度看,"得其大者可以兼其小"的含义主要是指( )。

　　A. 个人理想要与社会现实相结合

　　B. 理想追求要符合自身实际

　　C. 把人生理想融入国家和民族的事业中

　　D. 有了坚定信念,理想就会成真

18. "樱桃好吃树难栽,不下功夫花不开。"理想是美好的,令人向往的,但理想不能自动实现。把理想变为现实的根本途径是( )。

　　A. 积极投身社会实践　　　　B. 认真学习科学理论

　　C. 牢固确立坚定信念　　　　D. 大胆畅想美好未来

(二)多项选择题

1. 信奉"知识就是力量"的人,会如饥似渴地学习知识来充实自己;信奉"金钱就是一切"的人,则可能认为读书是浪费时间,或读书就是为了赚钱。可见,信念是( )。

　　A. 一种强大的精神力量

　　B. 人们评判事物的标准之一

　　C. 人们认识事物的思想出发点

　　D. 人们对事物本质和规律的正确反映

2. 一个真正认为共产主义是科学的人,在世界社会主义发展遭到暂时困难和曲折时,也不放弃自己追求的目标。这说明( )。

　　A. 信念是一种单纯的知识或想法

　　B. 追求崇高的理想需要坚定的信念

C. 信念表明着一种稳定的立场

D. 信念可以成为人们追求理想目标的强大动力

3. 如果社会是大海,人生是小舟,理想就是引航的灯塔和推动的风帆。没有理想的人生,就像没有舵的小船,会在生活的大海中迷失航向,甚至搁浅触礁。这说明理想对人生具有重要作用,它能够（　　）。

A. 满足人生的全部愿望　　B. 指引人生的奋斗目标

C. 成为人生的精神支柱　　D. 提供人生的前进动力

4. 理想信念是人精神上的"钙"。没有理想信念,或者理想信念不坚定,精神上就会"缺钙",就会得"软骨病"。这就表明（　　）。

A. 理想信念昭示奋斗目标　　B. 理想信念提供前进动力

C. 理想信念满足人生愿望　　D. 理想信念提高精神境界

5. 走好新时代的长征路,必须坚定共产主义远大理想和中国特色社会主义共同理想,为崇高理想信念而矢志奋斗。中国共产党人的理想信念,建立在（　　）的基础之上。我们要用理想之光照亮奋斗之路,用信仰之力开创美好未来。

A. 马克思主义科学真理

B. 超越宗教、国家、民族的普世价值

C. 马克思主义揭示的人类社会发展规律

D. 为最广大人民谋利益的崇高价值

6. 走好新时代的长征路,大学生要不断增强中国特色社会主义道路自信、理论自信、制度自信、文化自信,自觉做（　　）的坚定信仰者、忠实实践者,为崇高理想信念而矢志奋斗。

A. 格物、致知、诚意、正心　　B. 修身、齐家、治国、平天下

C. 中国特色社会主义共同理想　　D. 共产主义远大理想

7. 理想信念动摇是最危险的动摇,理想信念滑坡是最危险的滑坡。坚持不忘初心、继续前进,就要牢记我们党从成立起就把为（　　）而奋斗确定为自己的纲领,不断把为崇高理想奋斗的伟大实践推向前进。

A. 国际主义　　B. 社会主义　　C. 爱国主义　　D. 共产主义

8. 从1848年《共产党宣言》问世到1917年建立第一个社会主义国家,

多少艰难尝试,多少惨痛失败,但社会主义和共产主义的理想与实践不但没有被扼杀,相反焕发出更强大的生命力。东欧剧变、苏联解体,世界社会主义运动遭受重大挫折,然而,社会主义并未如西方有些人预言的那样走进历史的博物馆。中国人民坚定不移地走自己的路,中国特色社会主义的成功实践使社会主义运动展现了光明的前景。由此可见,(　　　　)。

  A. 理想实现的路途是艰难曲折的

  B. 社会主义必然代替资本主义是不依人的主观意志为转移的客观规律

  C. 远大理想的实现需要一代一代人的不懈努力

  D. 建立共产主义社会符合现阶段我国生产力发展的客观要求

9. 在人类历史进程中,当社会主义发展遇到暂时的困难和曲折时,也要坚定社会主义必胜的信念。这是因为(　　　　)。

  A. 对理想目标的追求不能因为行动中的暂时失败而动摇

  B. 科学信念是建立在对事物发展规律的正确认识基础上的

  C. 社会主义必然代替资本主义是不以人的意志为转移的客观规律

  D. 任何事物的发展都不可能一帆风顺,社会主义的发展也会出现曲折和反复

10. 理想信念不是拿来说、拿来唱的,更不是用来装点门面的,只有见诸行动才有说服力。这句话表达的意思有(　　　　)。

  A. 把理想变为现实,要靠实实在在的实践

  B. 理想是美好的、令人向往的,但理想不能自行到来

  C. 理想转化为现实,是一件自然而然、水到渠成的事情

  D. 大学生要把敢于吃苦、勇于奋斗的精神落实到日常的学习、生活和工作中

(三)辨析题

1. 只要有坚定信念,就能实现美好理想。

2. 共产主义是未经实践检验的、无法实现的渺茫幻想,或者是看不见、摸不着的遥远未来。

3. 艰苦年代需要艰苦奋斗,新时代意味着艰苦奋斗过时了。

(四)简答题

1. 理想信念在人生实践中的重要作用是什么?
2. 大学生为什么要确立马克思主义信仰?
3. 个人理想与社会理想的内涵及其辩证关系是怎样的?

(五)论述题

1. 联系实际论述当代青年要树立中国特色社会主义的共同理想。
2. 大学生为什么要有理想信念?难道做个平凡人就是胸无大志吗?

参考答案

(一)单项选择题

1. A 2. D 3. B 4. C 5. D 6. A 7. D 8. C 9. D 10. B 11. D 12. C 13. C 14. D 15. B 16. C 17. C 18. A

(二)多项选择题

1. ABC 2. BCD 3. BCD 4. ABD 5. ACD 6. CD 7. BD 8. ABC 9. ABCD 10. ABD

(三)辨析题

1. 错误。信念同理想一样,是人类特有的精神现象,是人们在一定的认识基础上确立的对某种思想或事物坚信不疑并身体力行的精神状态。信仰有盲目和科学之分。盲目的信仰就是对虚幻的世界、不切实际的观念、荒谬的理论等的迷信和狂热崇拜,科学的信仰则来自人们对自然界和人类社会发展规律的正确认识。只有树立正确坚定的理想信念,才能激励人们为一定的社会理想和生活目标而不断努力追求。当代青年只有追求远大理想、坚定崇高信念,才能健康成长、成就事业、开创未来。

2. 错误。马克思主义对未来社会的理想状态的科学预测,指明了人类社会的发展方向。中国共产党从成立之日起,就确立了共产主义的远大理想,始终团结带领中国人民朝着这个伟大理想前行。共产主义是现实运动和长远目标相统一的过程。共产主义是崇高的社会理想,是关于无产阶级解放的学说,同时也是一种现实运动。既面向未来,又指向现实,不仅反映了人们对未来社会的美好向往,更是一个从现实的人出发,不断满足人的现实利益需求、推进人的全面发展、推动社会发展进步的历史过程与现实运动。事实上,共产主义的思想和实践早已存在于我们的现实生活中。共产主义远大理想的最终实现是一个漫长、艰辛的历史过程,需要一代又一代人付出艰苦努力,不懈接续奋斗。当代大学生要正确认识共产主义远大理想和中国特色社会主义共同理想之间的关系,坚持和发展中国特色社会主义,就是向着远大理想所进行的实实在在的努力。我们要自觉做共产主义远大理想和中国特色社会主义共同理想的坚定信仰者、忠实实践者,为崇高理想信念而矢志奋斗。

3. 错误。艰苦奋斗是实现理想的重要条件。唐代诗人李商隐在《咏史》中写道,"历览前贤国与家,成由勤俭败由奢";习总书记指出:"人类的美好理想,都不可能唾手可得,都离不开筚路蓝缕、手胼足胝的艰苦奋斗。"一个没有艰苦奋斗精神作支撑的民族,是难以自立自强的;一个没有艰苦奋斗精神作支撑的国家,是难以发展进步的;一个没有艰苦奋斗精神作支撑的政党,它的事业是难以兴旺发达的。艰苦奋斗是我们的传家宝。从曾经的积贫积弱走到今天的发展繁荣,靠的就是中华民族自强不息的奋斗精神。艰苦奋斗绝不是一时的权宜之计,物质生活条件的改善,社会观念的变化,只是赋予艰苦奋斗以新的时代内涵和实践要求,但艰苦奋斗的精神永远不会过时;另一方面,讲艰苦奋斗,并不是不讲物质利益,而是为了实现既定的理想,不怕吃大苦、耐大劳,不惜献出自己的一切。新时代是奋斗者的时代,我们要在培养奋斗精神上下功夫,教育引导学生树立高远志向,历练敢于担当、不懈奋斗的精神,具有勇于奋斗的精神状态、乐观向上的人生态度,做到刚健有为、自强不息,不断书写奉献青春的时代篇章。

(四)简答题

1. 理想指引方向,信念决定成败。大学生不仅要提高知识水平,增强实践才干,更要坚定崇高的理想信念。

理想信念昭示奋斗目标。理想信念是人的思想和行为的定向器,只有理想信念坚定的人,才能始终不渝、百折不挠,为实现既定目标而奋斗。只有树立起崇高的理想信念,才能够解答好人生的意义、奋斗的价值以及做什么样的人等重要的人生课题。

理想信念提供前进动力。一个人有了崇高坚定的理想信念,才会以不懈的努力成就事业。反之,就可能浑浑噩噩、庸庸碌碌、虚度一生,甚至腐化堕落、走上邪路。大学生应当重视理想信念的选择和确立,努力树立科学崇高的理想信念,使人生道路越走越宽广。

理想信念提高精神境界。理想信念是衡量一个人精神境界高下的重要标尺。理想信念作为人的精神世界的核心,其追求和实现的过程是人的精神世界从狭隘走向高远、从空虚走向充实、从犹疑走向执着的过程,也是沿着自我成长和完善的阶梯不断攀登、逐步提升精神境界的过程。

2. 大学生要坚定理想信念,必须建立在对马克思主义的深刻理解、对历史规律的深刻把握之上。要不断提高马克思主义思想觉悟和理论水平,保持对远大理想和奋斗目标的清醒认知和执着追求。

马克思主义是科学的理论,创造性地揭示了人类社会发展规律,为人类指明了从必然王国向自由王国飞跃的途径,为人民指明了实现自由和解放的道路。

马克思主义是人民的理论,第一次创立了人民实现自身解放的思想体系,它植根人民之中,指明了依靠人民推动历史前进的人间正道。

马克思主义是实践的理论,指引着人民改造世界的行动,为人民认识世界、改造世界提供了强大精神力量。

马克思主义是不断发展的开放的理论,始终站在时代前沿。能够永葆其美妙之青春,不断探索时代发展提出的新课题、回应人类社会面临的新挑战。

马克思主义体现了科学性和革命性的统一。马克思主义具有鲜明的实践品格。马克思主义具有持久生命力。

实践证明,马克思主义的命运早已同中国共产党的命运、中国人民的命运、中华民族的命运紧紧连在一起,它的科学性和真理性在中国得到了充分检验,它的人民性和实践性在中国得到了充分贯彻,它的开放性和时代性在中国得到了充分彰显!

3. 个人理想是指处于一定历史条件和社会关系中的个体对于自己未来的物质生活、精神生活所产生的种种向往和追求。社会理想是指社会集体乃至社会全体成员的共同理想,即在全社会占主导地位的共同奋斗目标。

个人理想与社会理想的关系实质上是个人与社会关系在理想层面的反映,社会理想与个人理想之间相互联系、相互影响、相互制约、共同发展。

个人理想以社会理想为指引:正确的个人理想从根本上说是由正确的社会理想规定的;个人理想的实现,必须以社会理想的实现为前提和基础。社会理想是对个人理想的凝练和升华:社会理想是建立在众人的个人理想基础之上,社会理想归根到底要靠全体社会成员的共同努力来实现,并具体体现在每个社会成员为实现个人理想而进行的活生生的实践中。

(五) 论述题

1. 青年兴则国家兴,青年强则国家强。青年一代有理想、有本领、有担当,国家就有前途,民族就有希望。有共同理想,才能有共同步调。大学生要牢固确立在中国共产党领导下走中国特色社会主义道路、为实现中华民族伟大复兴而奋斗的共同理想和坚定信念。

只有社会主义才能救中国,只有中国特色社会主义才能发展中国,只有坚持和发展中国特色社会主义才能实现中华民族伟大复兴!新时代坚持和发展中国特色社会主义,总任务是实现社会主义现代化和中华民族伟大复兴,在全面建成小康社会的基础上分两步走,在本世纪中叶建成富强民主文明和谐美丽的社会主义现代化强国。

中国特色社会主义是中国共产党带领人民历经千辛万苦找到的实现中国梦的正确道路。改革开放以来我们取得一切成绩和进步的根本原因,归结起来就是:开辟了中国特色社会主义道路,形成了中国特色社会主义理论体系,确立了中国特色社会主义制度,发展了中国特色社会主义文化。

中国共产党的领导是中国特色社会主义最本质的特征。党政军民学,东西南北中,党是领导一切的。当今中国,只有中国共产党,才能领导中国人民坚持和发展中国特色社会主义,才能担当起带领中国人民创造幸福生活、实现中华民族伟大复兴的历史使命。

2. 理想信念是人类特有的精神现象,是人们追求和向往美好未来的一种应然的思维建构和执着努力。崇高的理想和科学的信念是一种巨大的精神力量,对个人乃至群体的实践活动都具有重大的指导作用。理想昭示希望,信念成就梦想,理想信念是人们精神活动的航标,也是人生奋斗的动力源泉。

在当代中国,实现个人理想是每一个人都追求的内在需要,这也是人生奋斗的心理诉求和热切企盼。然而,个人理想的实现依赖于社会理想,必须要在为社会理想的奋斗中实现个人理想。社会理想是一定社会在一定时期形成的能够代表社会群体意愿的奋斗目标。社会理想同样离不开个人理想,社会理想在一定程度上是无数个人理想的积淀基础上集聚而成的。因此,个人理想和社会理想也是辩证统一、不可分割的。新时代的大学生,肩负着坚持和发展中国特色社会主义的共同理想,胸怀共产主义远大理想的时代使命和责任担当,这一切都与每个人的奋斗精神有关系,与每个人体现自己的政治意愿、实现自由而全面的发展有着密切的关联。树立理想信念对当代大学生而言具有重要的引领作用,只有积极投身中国特色社会主义伟大事业,才能奋力唱响无愧于时代、无愧于人民、无愧于历史的青春之歌。

一方面,树立理想信念能够培育整体性思维。当代大学生树立理想,坚定信念,有利于从整体上认识和把握人类历史发展的脉络,从整体性思维的角度去审视人生。一个人要实现自己局部的利益,必须要与整体联系在一起。解决个人的理想必须要与整个社会的理想联系在一起,大学生要脚踏祖国大地,胸怀人民期盼,把编织个人的成长成才成功梦融入到中华民族实现伟大复兴中国梦的时代潮流中去。

另一方面,精神实践可以转换为物质力量。树立中国特色社会主义共同理想和共产主义远大理想是培养社会主义建设者和接班人的内在要求。民族的复兴,国家的未来需要广大青年驰而不息,接续奋斗。因此,一个人要实现人生价值,就必须在科学的理想信念的指引下不断前进,从而使精神实践转化成行为动力,成为一种物质力量。

活在现在、现实、现象中的人是普通平凡的人,活在未来、梦想、本质中的人是自由自觉的人。幸福平凡与胸怀大志相辅相成才是人类理想发展的真实状态,相映成辉才是对中国特色社会主义道路的生动诠释,相得益彰才是实现民族复兴中国梦的完美彰显。

诚然,有的大学生只愿意做幸福的凡人,过平凡的生活,但是,平凡不是平庸,要海阔天空,不能连梦也没有,大学生心中怀揣着理想信念,就是奋斗的志向和目标,它或许有大有小,有近有远,但志向引领着人生,信念支撑着追求,有理想,有本领,有担当,在平凡的生活中才能够孕育充实、体味幸福、活出精彩,才可能更多享有人生出彩的机会。正如习近平总书记指出的,伟大出自平凡,英雄来自人民,把每一项平凡工作做好就是不平凡。"心有多大,舞台就有多大",只有登高望远,大学生的人生之路才能走得更加坚实而有力。

阅读思考

(一)

材料 1
长征是历史纪录上的第一次,长征是宣言书,长征是宣传队,长征是播种机。自从盘古开天地,三皇五帝到于今,历史上曾经有过我们这样的长征吗?十二个月光阴中间,天上每日几十架飞机侦察轰炸,地下几十万大军围追堵截,路上遇着了说不尽的艰难险阻,我们却开动了每人的两只脚,长驱二万余里,纵横十一个省。请问历史上曾有过我们这样的长征吗?没有,从来没有的。长征又是宣言书。它向全世界宣告,红军是英雄好汉,帝国主义者和他们的走狗蒋介石等辈则是完全无用的。长征宣告了帝国主义和蒋介石围追堵截的破产。长征又是宣传队。它向十一个省内大约两万万人民宣布,只有红军的道路,才是解放他们的道路。不因此一举,那么广大的民众怎会如此迅速地知道世界上还有红军这样一篇大道理呢?长征又是播种机。它散布了许多种子在十一个省内,发芽、长叶、开花、结果,将来是会有收获的。总而言之,长征是以我们胜利、敌人失败的结果而告结束。谁使长征胜利的呢?是共产党。没有共产党,这样的长征是不可能设想的……

——毛泽东:《论反对日本帝国主义的策略》(1935年12月27日),新华网,http://www.xinhuanet.com//2015-04/29/c_127742745.htm。

材料2

长征是一次理想信念的伟大远征。崇高的理想,坚定的信念,永远是中国共产党人的政治灵魂。中国共产党从成立之日起,就把共产主义确立为远大理想,始终团结带领中国人民朝着这个伟大理想前行。党和红军几经挫折而不断奋起,历尽苦难而淬火成钢,归根到底在于心中的远大理想和革命信念始终坚定执着,始终闪耀着火热的光芒。

长征途中,英雄的红军,血战湘江,四渡赤水,巧渡金沙江,强渡大渡河,飞夺泸定桥,鏖战独树镇,勇克包座,转战乌蒙山,击退上百万穷凶极恶的追兵阻敌,征服空气稀薄的冰山雪岭,穿越渺无人烟的沼泽草地,纵横十余省,长驱二万五千里。主力红军长征后,留在根据地的红军队伍和游击队,在极端困难的条件下,紧紧依靠人民群众,坚持游击战争。西北地区红军创建陕甘革命根据地,同先期到达陕北的红二十五军一起打破了敌人的重兵"围剿",为党中央把中国革命的大本营安置在西北创造了条件。东北抗日联军、坚持在国民党统治区工作的党组织以及党领导的各方面力量都进行了艰苦卓绝的斗争,都为长征胜利作出了不可磨灭的贡献。

长征的胜利,是中国共产党人理想的胜利,是中国共产党人信念的胜利。"风雨浸衣骨更硬,野菜充饥志越坚;官兵一致同甘苦,革命理想高于天。"在风雨如磐的长征路上,崇高的理想,坚定的信念,激励和指引着红军一路向前。在红一方面军二万五千里的征途上,平均每300米就有一名红军牺牲。长征这条红飘带,是无数红军的鲜血染成的。艰难可以摧残人的肉体,死亡可以夺走人的生命,但没有任何力量能够动摇中国共产党人的理想信念。

长征的胜利,靠的是红军将士压倒一切敌人而不被任何敌人所压倒、征服一切困难而不被任何困难所征服的英雄气概和革命精神。长征向全中国、向全世界庄严宣告,中国共产党及其领导的人民军队,是用马克思主义武装的、以共产主义为崇高理想和坚定信念的。长征路上的苦难、曲折、死亡,检验了中国共产党人的理想信念,向世人证明了中国共产党人的理想信念是坚不可摧的。

——习近平:《在纪念红军长征胜利80周年大会上的讲话》(2016年10月21日),新华网,http://www.xinhuanet.com//politics/2016-10/21/c_1119765804.htm。

材料3

历史是不断向前的,要达到理想的彼岸,就要沿着我们确定的道路不断前进。每一代人有每一代人的长征路,每一代人都要走好自己的长征路。今天,我们这一代人的长征,就是要实现"两个一百年"奋斗目标、实现中华民族伟大复兴的中国梦。

今天的长征同当年的红军长征相比,同改革开放以来我们已经走过的新长征之路相比,虽然在环境、条件、任务、力量等方面有一些差异甚至有很大不同,但都是具有开创性、艰巨性、复杂性的事业。

实现伟大的理想,没有平坦的大道可走。夺取坚持和发展中国特色社会主义伟大事业新进展,夺取推进党的建设新的伟大工程新成效,夺取具有许多新的历史特点的伟大斗争新胜利,我们还有许多"雪山""草地"需要跨越,还有许多"娄山关""腊子口"需要征服,一切贪图安逸、不愿继续艰苦奋斗的想法都是要不得的,一切骄傲自满、不愿继续开拓前进的想法都是要不得的。

长征永远在路上。一个不记得来路的民族,是没有出路的民族。不论我们的事业发展到哪一步,不论我们取得了多大成就,我们都要大力弘扬伟大长征精神,在新的长征路上继续奋勇前进。

——习近平:《在纪念红军长征胜利80周年大会上的讲话》(2016年10月21日),新华网,http://www.xinhuanet.com//politics/2016-10/21/c_1119765804_2.htm。

思考:

1. 如何深刻理解"长征是宣言书,长征是宣传队,长征是播种机"?
2. 如何准确领会"长征是一次理想信念的伟大远征"?
3. 为什么"每一代人有每一代人的长征路,每一代人都要走好自己的长征路""长征永远在路上"?

(二)

材料1

1957年11月17日,莫斯科大学,数千名中国留苏学生和实习生从四面八方来到这里,期盼毛主席的接见。下午6时许,当毛主席和邓小平、彭德怀、乌兰夫、杨尚昆、胡乔木等领导人出现在莫斯科大学的大礼堂时,全场沸腾,欢声雷动。毛主席高兴地走到讲台的前沿和两端,频频向大家招手致意。毛主席一开头就对留学生们说:"世界是你们的,也是我们的,但是归根结底是你们的。你们青年人朝气蓬勃,正在兴旺时期,好像早晨八九点钟的太阳。希望寄托在你们身上。"……毛主席的讲话亲切和蔼,风趣幽默。台上台下,有问有答,其乐融融,大厅内充满了欢声笑语。

——《1957年11月17日毛主席说:"世界是你们的,也是我们的,但是归根结底是你们的。"》,人民网,http://www.people.com.cn/GB/historic/1117/3900.html。

材料2

每一代青年都有自己的际遇和机缘。我记得,1981年北大学子在燕园一起喊出"团结起来,振兴中华"的响亮口号,今天我们仍然要叫响这个口号,万众一心为实现中国梦而奋斗。广大青年既是追梦者,也是圆梦人。追梦需要激情和理想,圆梦需要奋斗和奉献。广大青年应该在奋斗中释放青春激情、追逐青春理想,以青春之我、奋斗之我,为民族复兴铺路架桥,为祖国建设添砖加瓦。

当代青年是同新时代共同前进的一代。我们面临的新时代,既是近代以来中华民族发展的最好时代,也是实现中华民族伟大复兴的最关键时代。广大青年既拥有广阔发展空间,也承载着伟大时代使命。青年是国家的希望、民族的未来。我衷心希望每一个青年都成为社会主义建设者和接班人,不辱时代使命,不负人民期望。对广大青年来说,这是最大的人生际遇,也是最大的人生考验。

……为实现中华民族伟大复兴的中国梦而奋斗,是我们人生难得的际遇。每个青年都应该珍惜这个伟大时代,做新时代的奋斗者。

——习近平:《在北京大学师生座谈会上的讲话》(2018 年 5 月 2 日),新华网,http://www.xinhuanet.com/2018-05/03/c_1122774230.htm。

材料 3

习近平指出,培养什么人,是教育的首要问题。我国是中国共产党领导的社会主义国家,这就决定了我们的教育必须把培养社会主义建设者和接班人作为根本任务,培养一代又一代拥护中国共产党领导和我国社会主义制度、立志为中国特色社会主义奋斗终身的有用人才。这是教育工作的根本任务,也是教育现代化的方向目标。

习近平强调,要在坚定理想信念上下功夫,教育引导学生树立共产主义远大理想和中国特色社会主义共同理想,增强学生的中国特色社会主义道路自信、理论自信、制度自信、文化自信,立志肩负起民族复兴的时代重任。

——吴晶、胡浩:《习近平在全国教育大会上发表重要讲话》,教育部-政务,http://www.moe.gov.cn/jyb_xwfb/s6052/moe_838/201809/t20180910_348145.html。

思考:

1. 联系三段材料分析,当代大学生应当怎样将成长成才成功的个人梦与民族伟大复兴的中国梦相连相通?

2. 如何准确理解"广大青年既是追梦者,也是圆梦人","每个青年都应该珍惜这个伟大时代,做新时代的奋斗者"?

第三章　弘扬中国精神

内容概述

本章的主题是中国精神,以"弘扬中国精神"为章题,共设有三节,分别是"中国精神是兴国强国之魂""爱国主义及其时代要求""让改革创新成为青春远航的动力"。在逻辑结构上,本章着力展现中国精神的丰富内涵,彰显弘扬中国精神对于当代中国发展进步的深远意义,激励青年学生培养爱国之情、砥砺强国之志、实践报国之行,努力成为爱国主义的坚守者和传播者,让青春的远航具有强大而充足的动力。

实现中华民族伟大复兴的中国梦,必须弘扬中国精神。当代大学生要把个人编织成才梦融入全民共筑中国梦的时代潮流,努力做忠诚的爱国者和奋进的创新者,使成功的硕果孕育在爱国主义的常青树上,播撒在创新中国的激情奋斗中。

第一节　中国精神是兴国强国之魂

本节主要讲述在长期的历史发展中形成的中华优秀传统精神及其当代意义。从伟大创造精神、伟大奋斗精神、伟大团结精神、伟大梦想精神四个方面对中华民族精神的内涵加以呈现。中国精神作为兴国强国之魂,是实现中华民族伟大复兴不可或缺的精神支撑和精神动力,它既是一种我们应该珍视的传统,又是一股不断丰富发展的现实精神力量。

一、重精神是中华民族的优秀传统

中华民族在漫长的历史进程中,塑造出独特的精神气质和精神品质,是中华民族重要的精神标识。

中华民族崇尚精神的优秀传统,首先表现在对物质生活与精神生活相互关系的独到理解上。古圣先贤认为,物质生活固然为人所需要,但如果沉溺于物欲而不能自拔,则无异于禽兽。基于对精神生活重要性的认识,中国古人在义利观上主张见利思义、以义制利、先义后利,在理欲观上主张导欲、节欲,强调用道德理性对欲望进行引导和控制。重视并崇尚精神生活,是中国古代思想家们的主流观点。

中华民族崇尚精神的优秀传统,也表现在中国古人对理想的不懈追求上。理想是激励个体的精神内驱力,是凝聚社会整体的精神力量。矢志不渝地坚守理想,是中国古人崇尚精神的典型体现。如儒家把仁爱视为最高的道德理想,为实现"仁"的理想即使献出生命也在所不惜:"志士仁人,无求生以害人,有杀身以成仁。"无数志士仁人心怀天下,利济苍生,为追求道义、实现理想而上下求索。

中华民族崇尚精神的优秀传统,也表现在对道德修养和道德教化的重视上。中国传统文化十分强调道德修养和道德教化,将"立德"置于"三立"(立德、立言、立功)之首,重视人的精神品格的养成,认为教化的目的是"明人伦",是培养有道德的人。古人不仅对道德修养和道德教化进行了理论论述,而且提出了修身养性的具体方法和家箴家训、乡规民约等教化方式。

中华民族崇尚精神的优秀传统,还表现为对理想人格的推崇。儒家把"君子""圣人"作为自己的理想人格,道家推崇逍遥于天地之间的"真人""至人",近代启蒙思想家梁启超呼吁"新民"的理想人格。这些理想人格虽内涵各有不同,但共同点是关注人的精神品格。

中国共产党是中华民族重精神优秀传统的忠实继承者和坚定弘扬者。中国共产党人在长期的奋斗历程中,继承并进一步发扬光大了中国的精神传统。习近平强调,民族复兴不仅表现为经济腾飞,更要有中国精神的振奋和彰显;只有物质文明和精神文明建设都搞好,国家物质力量和精神力量都增强,全国各族人民物质生活和精神生活都改善,中国特色社会主义事业才能顺利向前推进。

二、中国精神是民族精神和时代精神的统一

以爱国主义为核心的民族精神和以改革创新为核心的时代精神,构成中国精神的基本内容。

(一)以爱国主义为核心的民族精神

民族精神是一个民族在长期共同生活和社会实践中形成的,为本民族大多数成员所认同的价值取向、思维方式、道德规范、精神气质的总和,是一个民族赖以生存和发展的精神支柱。在5000多年的历史发展中,中华民族形成了以爱国主义为核心的伟大民族精神。

中华民族的发展史,就是一部中华儿女的爱国奋斗史。中国人很早就有以天下兴亡、人民安康为己任的家国情怀,中华民族形成了对外来侵略者无比痛恨、对卖国求荣的民族败类无比鄙视、对爱国志士无比崇敬的宝贵民族性格。爱国主义成为动员和鼓舞人们为祖国的生存发展前赴后继、奋斗不息的伟大精神旗帜。

中国人民的特质、禀赋不仅铸就了绵延几千年发展至今的中华文明,而且深刻影响着当代中国发展进步,深刻影响着当代中国人的精神世界。中国人民在长期奋斗中培育、继承、发展起来的伟大民族精神,为中国发展和人类文明进步提供了强大精神动力。

伟大创造精神。在几千年历史长河中,中国人民始终辛勤劳作、发明创造,产生了伟大思想巨匠,发明了伟大科技成果,创作了伟大文艺作品,传承了震撼人心的伟大史诗,建设了气势恢宏的伟大工程。今天,中国人民的创造精神正在前所未有地迸发出来,推动我国日新月异向前发展,大踏步走在世界前列。只要13亿多中国人民始终发扬这种伟大创造精神,我们就一定能够创造出一个又一个人间奇迹!

伟大奋斗精神。在几千年历史长河中,中国人民始终革故鼎新、自强不息,开发建设了大好河山,开拓了辽阔海疆,开垦了广袤粮田,治理了大江大

河,战胜了自然灾害,建设了城镇乡村,形成了多姿多彩的生活。世界上没有坐享其成的好事,要幸福就要奋斗。今天,中国人民拥有的一切,凝聚着聪明才智,浸透着辛勤汗水,蕴涵着巨大牺牲。只要13亿多中国人民始终发扬这种伟大奋斗精神,我们就一定能够达到创造人民更加美好生活的宏伟目标!

伟大团结精神。在几千年历史长河中,中国人民始终团结一心、同舟共济,建立了统一的多民族国家,发展了多元一体、交织交融的民族关系,形成了守望相助的中华民族大家庭。特别是近代以后,共同书写了中华民族保卫祖国、抵御外侮的壮丽史诗。今天,令世人瞩目的发展成就,更是全国各族人民同心同德、同心同向努力的结果。只要13亿多中国人民始终发扬这种伟大团结精神,我们就一定能够形成勇往直前、无坚不摧的强大力量!

伟大梦想精神。在几千年历史长河中,中国人民始终心怀梦想、不懈追求,形成小康生活理念,秉持天下为公情怀,深刻反映了勇于追求和实现梦想的执着精神。近代以来,中国人民百折不挠、坚忍不拔,以同敌人血战到底的气概、在自力更生的基础上光复旧物的决心、自立于世界民族之林的能力,为实现中华民族伟大复兴的梦想进行了170多年的持续奋斗。只要13亿多中国人民始终发扬这种伟大梦想精神,我们就一定能够实现中华民族伟大复兴!

伟大民族精神,是我们的骄傲,是我们坚定中国特色社会主义道路自信、理论自信、制度自信、文化自信的底气,也是我们风雨无阻、高歌行进的根本力量。

(二)以改革创新为核心的时代精神

时代精神是一个国家和民族在新的历史条件下形成和发展的,是体现民族特质并顺应时代潮流的思想观念、价值取向、精神风貌和社会风尚的总和,是一种对社会发展具有积极影响和推动作用的集体意识。时代精神反映社会进步的发展方向,引领时代的进步潮流,是社会的主旋律和时代的最强音。

改革开放以来,党带领人民立足新的时代条件,赋予民族精神新的时代内涵,形成了以改革创新为核心的时代精神。中国人民在改革开放的伟大实践中体现出来的崭新精神风貌和高尚精神品格,是建设新时代中国特色社会主义、实现中国梦的强大精神动力。

改革创新精神贯穿于改革开放的全部实践,体现在时代精神的各个方面。改革是破除社会发展障碍、激发社会发展活力的引擎;创新则是民族进步的灵魂、国家兴旺发达的动力。改革创新精神既是对中华民族革故鼎新优良传统的继承弘扬,也是当代中国改革开放伟大实践中体现出来的精神品质和精神特征。改革创新精神体现为突破陈规、大胆探索、敢于创造的思想观念,勇于打破与社会和历史发展规律不相吻合的思维方式、行为规范的束缚,从不合实际、不合规律的观念和体制的束缚中解放出来,从错误和教条式思想观念中解放出来;体现为不甘落后、奋勇争先、追求进步的责任感和使命感,不故步自封、不裹足不前的奋发精神和竞争意识;体现为坚忍不拔、锐意进取的闯劲、韧劲和拼劲。

(三)民族精神与时代精神的辩证统一

民族精神与时代精神都是一个民族赖以生存和发展的精神支撑。一切民族精神都曾经是一定历史阶段中带动潮流、推动社会发展的时代精神。同时,一切时代精神都将随着历史的变迁逐步融入民族精神的长河中,不断丰富和发展民族精神的时代内涵。爱国主义始终是把中华民族坚强团结在一起的精神纽带,改革创新始终是鞭策我们在改革开放中与时俱进的精神力量。弘扬和培育民族精神,必须自觉回应时代的要求,推动不断革新,创新性发展和创造性转化;弘扬和培育时代精神,必须立足民族精神的根基,接续民族精神的血脉,承接民族精神的基因,使得时代精神既面向未来,又不忘本来,始终具有引领民族前行的强大吸引力和感召力。

三、实现中国梦必须弘扬中国精神

凝聚中国力量的精神纽带。推进民族复兴的时代伟业,必须万众一心、众志成城。实现中华民族的伟大复兴,最根本的力量在团结凝聚起来的人民。没有强大的精神力量,就会重演近代以来四分五裂、一盘散沙的悲剧。

弘扬中国精神,对于维系中华民族的生存发展、维护国家统一和民族团结发挥着重要的凝聚作用。

激发创新创造的精神动力。中国特色社会主义是一项前无古人的创造性事业。推进新时代的伟大事业,必须有创新创造、向上向前的精神奋发力,勇于变革、勇于创新,永不僵化、永不停滞,使全体人民始终保持昂扬向上的精神状态,为实现中国梦注入强大精神力量。

推进复兴伟业的精神定力。要正确认识当代世界和中国发展大势,正确认识中国特色和国际比较,坚定道路自信、理论自信、制度自信、文化自信。只有增强民族自尊心和自信心,坚定不移走自己的路,才能使全体人民拥有坚如磐石的精神和信仰力量,不为困难吓倒,不为诱惑所动,不为干扰迷惑,坚定不移把中国特色社会主义事业推向前进。

第二节 爱国主义及其时代要求

实现中华民族伟大复兴的中国梦,是当代中国爱国主义的鲜明主题。本节概括了新时代爱国主义的基本要求,对大学生继承中华民族爱国主义光荣传统,自觉做新时代的忠诚的爱国者做出较为详尽的阐述。

一、爱国主义的基本内涵

爱国主义体现了人们对自己祖国的深厚感情,揭示了个人对祖国的依存关系,是人们对自己家园以及民族和文化的归属感、认同感、尊严感与荣誉感的统一。它是调节个人与祖国之间关系的道德要求、政治原则和法律规范,也是中华民族精神的核心。爱国是每个人应当自觉履行的责任和义务。

爱祖国的大好河山。祖国的河山承载着我们伟大的祖国,滋养哺育着她的子子孙孙。祖国的大好河山,不只是自然风光,还是主权、财富、民族发展和进步的基本载体。维护祖国领土的完整和统一,是我们每个人的神圣使命和义不容辞的责任。

爱自己的骨肉同胞。对骨肉同胞的爱,反映的是对整个民族利益共同体的自觉认同。中华民族的利益是我国各族人民的共同利益、长远利益和最高利益,高于各个民族内部的、局部的、暂时的利益。爱人民群众,培养对人民群众的深厚感情,坚持以人民为中心的立场,始终同人民群众站在一起。

爱祖国的灿烂文化。文化是一个国家、民族的灵魂和胎记,是一个国家、民族得以延续的精神基因,是培养民族心理、民族个性、民族精神的摇篮,是民族凝聚力的重要基础。要认真学习和真正了解祖国的历史,在充分理解和尊重的基础上,积极推动祖国优良历史文化传统的传承和发展。

爱自己的国家。祖国的大好河山,自己的骨肉同胞,民族的灿烂文化,都是同国家联系在一起的,每个人的发展也都时刻同国家的进步紧密关联。失去国家的庇护,人们将失去最基本的屏障和最坚实的依托。因此,拥护国家基本制度,遵守国家宪法法律,维护国家安全统一,捍卫国家利益,为国家繁荣发展贡献力量,是爱国主义的基本要求。

爱国主义是历史的、具体的,在不同的历史条件和文化背景下所形成的爱国主义,有不同的内涵和特点。爱国主义的丰富性和生命力,正是通过历史性和具体性来表现的。在现阶段,爱国主义主要表现为献身于建设新时代中国特色社会主义伟大事业,献身于实现中华民族伟大复兴中国梦的实践,献身于促进祖国统一大业。

二、新时代的爱国主义

新时代的爱国主义基本要求是:坚持爱国主义和社会主义相统一、维护祖国统一和民族团结、尊重和传承中华民族历史和文化、坚持立足民族又面向世界。弘扬现时代的爱国主义,必须团结全体社会主义劳动者、社会主义事业的建设者、拥护社会主义的爱国者、拥护祖国统一和致力于中华民族伟大复兴的爱国者,汇集起实现中国梦的磅礴力量。

(一)坚持爱国主义和社会主义相统一

我国爱国主义始终围绕着实现民族富强、人民幸福而发展,最终汇流于中国特色社会主义。祖国的命运和党的命运、社会主义的命运密不可分。

只有坚持爱国和爱党、爱社会主义相统一,爱国主义才是鲜活的、真实的,这是当代中国爱国主义精神最重要的体现。

在当代中国,爱国主义首先体现在对社会主义中国的热爱上。爱国主义与爱社会主义的统一是中国历史发展的必然结果。社会主义制度是当代中国的根本社会制度,是中国共产党带领中国人民经过艰苦卓绝、流血牺牲的长期探索而建立的社会制度,反映了中国人民的根本利益和诉求。社会主义制度的建立,为中国的繁荣发展提供了可靠的保障。在社会主义道路上,中华民族取得了民族复兴、国家发展的伟大成就。历史和现实充分证明,中国共产党是高举爱国主义旗帜并躬身实践的光辉典范,是中国特色社会主义事业的坚强领导核心。坚定拥护中国共产党的领导,是中华民族走向复兴、中国特色社会主义事业走向成功的必然要求,也是新时代爱国主义的必然要求。

(二)维护祖国统一和民族团结

弘扬爱国主义精神,必须把维护祖国统一和民族团结作为重要着力点和落脚点。解决台湾问题,实现祖国完全统一,是不可阻挡的历史进程,也是全体中华儿女的共同心愿。要从中华民族整体利益的高度把握两岸关系大局,在认清历史发展趋势中把握两岸前途,坚持增进互信、良性互动、求同存异、务实进取,促进两岸关系发展,增进两岸人民福祉,增进对两岸命运共同体的认知,不断拓宽两岸关系和平发展的道路。

多民族是我国的一大特色,也是我国发展的一大有利因素。各民族共同开发了祖国的锦绣河山、广袤疆域,共同创造了悠久的中国历史、灿烂的中华文化,造就了我国各民族在分布上的交错杂居、文化上的兼收并蓄、经济上的相互依存、情感上的相互亲近,形成了你中有我、我中有你、谁也离不开谁的多元一体格局。中华民族和各民族的关系是一个大家庭和家庭成员的关系。要自觉维护全国各族人民大团结的政治局面,不断增强对伟大祖国、中华民族、中华文化、中国共产党、中国特色社会主义的认同,坚决维护国家主权、安全、发展利益,筑牢国家统一、民族团结、社会稳定的铜墙铁壁。

(三)尊重和传承中华民族历史和文化

中华优秀传统文化是中华民族的精神命脉,其中蕴涵着中华民族世代形成和积累的思想营养和实践智慧,是中华民族得以延续的文化基因和在世界文化激荡中站稳脚跟的根基。我们必须尊重和传承中华民族历史和文化,以时代精神激活中华优秀传统文化的生命力,推动中华优秀传统文化创造性转化和创新性发展,坚持正确的历史观、民族观、国家观、文化观,增强做中国人的骨气和底气。

抛弃传统、丢掉根本,就等于隔断了自己的精神命脉。要坚决反对一些人打着"重评历史"的幌子,否定近现代中国革命历史、党的历史和中华人民共和国历史,抹黑英雄,诋毁革命领袖,否定马克思主义指导地位和中国走向社会主义的历史必然性,否定中国共产党的领导。我们不是历史虚无主义者,也不是文化虚无主义者,不能数典忘祖、妄自菲薄。祖国是人民最坚实的依靠,英雄是民族最闪亮的坐标。"天地英雄气,千秋尚凛然。"一个有希望的民族不能没有英雄,一个有前途的国家不能没有先锋。

(四)必须坚持立足民族又面向世界

中国的命运与世界的命运紧密相关。要正确处理好立足民族与面向世界的关系,把弘扬爱国主义精神与扩大对外开放结合起来,既要尊重各国的历史特点、文化传统,尊重各国人民选择的发展道路,从不同文明中寻求智慧、汲取营养,增强中华文明生机活力,又要求同存异、交流互鉴,共同推动人类文明发展进步。

必须立足民族,维护国家发展主体性。经济全球化是世界经济发展的必然趋势,但不等于全球政治、文化一体化。在经济全球化的条件下,国家仍然是民族存在的最高组织形式,是国际社会活动中的独立主体。只要国家继续存在,爱国主义就有坚实的基础。在参与经济全球化的过程中,必须坚定捍卫国家的利益。我们既要充分利用经济全球化所提供的机遇发展自己,又要坚决维护国家的主权和尊严,按照本国国情坚持、发展自己的政治制度和民族文化。

必须面向世界,构建人类命运共同体。当今世界,没有哪个国家能单独应对人类面临的各种挑战,也没有哪个国家能退回到自我封闭的孤岛。构建人类命运共同体的理念,源于中国,属于世界。共同建设一个持久和平、普遍安全、共同繁荣、开放包容、清洁美丽的世界,是全人类的共同利益和共同价值追求。新时代弘扬面向世界的爱国主义精神,意味着我们要有更宽广的世界胸怀和全球视野,为维护人类共同利益、推动人类文明发展进步提供中国智慧,始终做世界和平的建设者、全球发展的贡献者、国际秩序的维护者。

三、做忠诚爱国者

爱国既需要情感基础,也需要理性认知,更需要实际行动。只有把国家的安全、荣誉和利益放在高于一切的地位,与祖国同呼吸、共命运,才是真正的爱国者。

(一)维护和推进祖国统一

保持香港、澳门长期繁荣稳定,实现祖国完全统一,是实现中华民族伟大复兴的必然要求。

推进祖国统一,必须保持香港、澳门长期繁荣稳定。要始终准确把握"一国"和"两制"的关系。"一国"是根,根深才能叶茂;"一国"是本,本固才能枝荣。要维护中央对香港、澳门的全面管制权,并将其与特别行政区的高度自治权有机结合起来,确保"一国两制"方针不会变、不动摇,实践不变形、不走样;要始终依照宪法和基本法办事。

要坚持一个中国原则。一个中国原则是两岸关系的政治基础。体现一个中国原则的"九二共识"明确界定了两岸关系的根本性质,是确保两岸关系和平发展的关键。"和平统一、一国两制"是解决台湾问题的基本方针。要推进两岸交流合作。要促进两岸同胞团结奋斗。要反对"台独"分裂图谋。我们有坚定的意志、充分的信心、足够的能力挫败任何形式的"台独"分裂图谋。我们绝不允许任何人、任何组织、任何政党在任何时候、以任何形式,把任何一块中国领土从中国分裂出去。要贯彻《反分裂国家法》,旗帜鲜明地反对一切损害两岸关系的言行。

（二）促进民族团结

大学生要像爱护自己的眼睛一样维护民族团结，像爱护自己的生命一样维护社会稳定，自觉做民族团结进步事业的建设者、维护者、促进者。

深化对党的民族理论和民族政策的认识，认真学习国家关于民族事务的法律法规，深入了解中华民族"多元一体"的发展历史，坚定"汉族离不开少数民族，少数民族离不开汉族，各少数民族之间也相互离不开"的思想观念。要铸牢中华民族共同体意识，加强各民族交流交融。在日常交往中，尊重兄弟民族的传统文化、风俗习惯和宗教信仰，不做不利于民族团结和社会稳定的事。

认清"藏独"和"疆独"等各种分裂主义势力的险恶用心和反动本质。坚持原则、明辨是非，与破坏民族团结的行为作坚决斗争。坚决捍卫民族团结进步、共同繁荣发展的大好局面，筑牢各族人民共同维护祖国统一、维护民族团结、维护社会稳定的钢铁长城。

（三）增强国家安全意识

国家安全问题事关国家安危和民族存亡。大学生要增强国家安全意识，对境内外敌对势力的渗透、颠覆、破坏活动保持高度警惕，切实履行维护国家安全的义务。

确立总体国家安全观。国家安全是指一个国家不受内部和外部的威胁、破坏而保持稳定有序的状态。必须坚持总体国家安全观，坚持国家利益至上，以人民安全为宗旨，以政治安全为根本，以经济安全为基础，以军事、文化、社会安全为保障，以促进国际安全为依托，走出一条中国特色国家安全道路。确立总体国家安全观，必须既重视外部安全，又重视内部安全；既重视国土安全，又重视国民安全；既重视传统安全，又重视非传统安全；既重视发展问题，又重视安全问题；既重视自身安全，又重视共同安全，打造人类命运共同体。

增强国防意识。强大的国防是国家生存与发展的安全保障。我国国防是全民的国防。我国宪法明确规定，保卫祖国、抵抗侵略是我国每一个公民的神圣职责。大学生是国防建设的后备人才，必须具有很强的国防观念和忧患意识，自觉接受国防和军事方面的教育训练，关心国防、了解国防、热爱国防、投身国防，积极履行国防义务，成为既能建设祖国、又能保卫祖国的优秀人才。

履行维护国家安全的义务。我国宪法明确规定了公民维护国家安全的基本义务，国家安全法、保守国家秘密法、国防法、兵役法、反间谍法等法律明确规定了公民维护国家安全的各项具体的法律义务。大学生应自觉遵守国家安全法律，依照法律服兵役和参加民兵组织，保守国家秘密，为国防建设和国家安全工作提供便利条件或其他协助，在国家安全机关调查了解有关危害国家安全的情况下如实提供有关证据、情况，及时报告危害国家安全行为，不得非法持有、使用专用间谍器材，不得非法持有国家秘密文件、资料和其他物品，等等。

第三节　让改革创新成为青春远航的动力

改革创新是当代中国最突出、最鲜明的特点。本节概括了改革创新的时代要求，对大学生如何乘新时代的浩荡春风、做改革创新的生力军做出较为详尽的阐述。

一、创新创造是中华民族最深沉的民族禀赋

中华民族是富有创新精神的民族。很早就提出了"苟日新，又日新，日日新"，"穷则变，变则通，通则久"的思想，变通求新、因革损益、革故鼎新、与时俱进等观念逐渐积淀为中华民族最深沉的民族禀赋。

勇于创新的民族禀赋成就了辉煌灿烂的中华文明。我国古代在天文历法、数学、农学、医学、地理等众多领域取得举世瞩目的成就，四大发明改变了世界的面貌。资料显示，16世纪前世界上最重要的300项发明和发现中，我国占173项，远超同时代的欧洲。我国的思想文化、社会制度、经济发展、科学技术以及其他许多方面对周边发挥了重要辐射和引领作用，中华文明对世界文明进步作出了巨大贡献，产生了深远影响。

近代以来，我国逐渐由领先变为落后，一个重要原因就是错失了多次科

技和产业革命带来的巨大发展机遇,在世界工业革命大潮中被时代远远甩下。从19世纪中叶到20世纪中叶的百年间,在西方坚船利炮的攻击下,中国沦为半殖民地半封建国家,列强侵略,民不聊生,民族存亡危机之下,根本不具备创新创造的基本物质条件和社会文化环境。中华人民共和国的成立,让古老的中国焕发新生,勤劳勇敢的中国人民在建设自己美好家园的伟大实践中迸发出创新创造的生机活力,在中国共产党的领导下开启了全力追赶时代、勇于引领时代的改革创新大潮。

二、改革创新是时代要求

创新始终是推动人类发展的第一动力。16世纪以来,人类社会进入前所未有的创新活跃期,几百年里,人类在科学技术方面取得的创新成果超过过去几千年的总和。每一次科技和产业革命都深刻改变了世界发展面貌和力量格局。一些国家抓住机遇,经济社会发展驶入快车道,经济实力、科技实力、军事实力迅速增强,甚至一跃成为世界强国。从某种意义上说,创新决定着世界政治经济力量对比的变化,也决定着各国各民族的前途命运。

创新能力是当今国际竞争新优势的集中体现。当前,全球新一轮科技革命和产业变革正在孕育兴起,新科技革命和产业变革将重塑全球经济结构,世界主要国家都在积极调整应对,努力寻找创新的突破口,抢占发展先机,创新战略竞争在综合国力竞争中的地位日益重要。

改革创新是我国赢得未来的必然要求。抓创新就是抓发展,谋创新就是谋未来。目前,虽然我国经济总量跃居世界第二,但大而不强、臃肿虚胖体弱问题突出,主要体现在创新能力不强,科技发展水平总体不高,科技对经济社会发展的支撑能力不足,科技对经济增长的贡献率远低于发达国家。我们必须把创新作为引领发展的第一动力,把人才作为支撑发展的第一资源,把创新摆在国家发展全局的核心位置,把创新驱动发展战略作为国家重大战略,不断推进理论创新、制度创新、科技创新、文化创新等各方面创新,让创新贯穿党和国家一切工作,让创新在全社会蔚然成风。

如果把科技创新比作我国发展新引擎,那么改革就是点燃这个新引擎必不可少的点火系。实施创新驱动发展战略,最根本的是要增强自主创新能力,最紧迫的是要破除体制机制障碍,最大限度地解放和激发科技作为第一生产力所蕴含的巨大潜能,打通从科技强到产业强、经济强、国家强的通道,让改革释放创新活力,让一切创新源泉充分涌流。只有通过全面深化改革,才能加快转变经济发展方式,推进经济结构战略性调整,在全社会积极营造鼓励大胆创新、勇于创新、包容创新的良好氛围,把创新驱动的新引擎全速发动起来,为我国经济社会发展提供前所未有的强劲动力。

三、做改革创新生力军

（一）树立改革创新的自觉意识

增强改革创新的责任感。改革创新表现为一种不甘人后、奋勇争先、追求进步的责任感和使命感。改革创新充满艰辛、奉献甚至牺牲,没有强烈的责任感和使命感,很难支撑人们克服和战胜改革创新过程中的艰难曲折。大学生要不断增强以改革创新推动社会进步,在改革创新中奉献服务社会、实现人生价值的责任感和使命感。

树立敢于突破陈规的意识。陈规最易束缚人的思维和手脚,创新创造的过程往往充满艰辛。要创新,就要有强烈的创新意识,敢于质疑现有定论,勇于开拓新的方向,敢于大胆突破陈规甚至常规,善于观察发现、思考批判,不唯书、不唯上,只唯实。

树立大胆探索未知领域的信心。创新就是要走前人没有走过的路。要创新,就要有强烈的创新自信。如果总是跟踪模仿,既谈不上创新,也是没有出路的。未知领域可能是人类认识的盲区,也可能是人类实践的处女地,未知领域往往蕴含着发现的沃土和创新的机遇。青年应是常为新、敢创造的,大学生要勇做改革创新的生力军。

（二）增强改革创新的能力本领

夯实创新基础。任何一项改革创新,都是站在前人积累的专业知识基础之上的。缺乏深厚的专业知识积淀,盲目追求不切实际的空想,或者是"无知者无畏"地蛮干,漠视专业知识学习,不可能担负改革创新的重任。大学生应从扎实系统的专业知识学习起步和入手,而不能好高骛远,空谈改革,坐论创新。

培养创新思维。守旧思维往往求同、模仿,创新思维则注重求异、批判;守旧思维被动回答问题,创新思维善于发现问题;守旧思维往往机械、线性、封闭,创新思维则灵活而开放,发散而多维;守旧思维提出的观点人们往往因熟悉而易于接受,创新思维则常常因"异想天开"而被怀疑甚至嘲讽。大学生应自觉培养创新型思维,勤于思考,善于发现,勇于创新。

投身创新实践。实践出真知,实践长才干。人类历史上许多重要创造,都产生于创造者风华正茂、思维最敏捷的青年时期。当代大学生应当在全面深化改革的伟大实践中体悟改革创新精神,树立改革创新意识,锻炼改革创新意志,增强改革创新本领,勇做新时代改革创新的实践者和生力军。

习题训练

(一) 单项选择题

1. "为天地立心,为生民立命,为往圣继绝学,为万世开太平",在(　　)的维度上充分彰显了中华民族富有崇尚精神的优秀传统。
   A. 物质与精神生活的相互关系　　B. 对道德理想的不懈追求
   C. 注重道德修养和教化　　D. 重视人生境界和理想人格

2. 中华民族不仅创造出光辉灿烂的中华文明,也塑造出独特的气质和品格,形成了(　　)的优秀传统,贯穿于筚路蓝缕的奋斗历程,成为特有的精神标识之一。
   A. 沉溺物欲　　B. 崇文宣武　　C. 注重教化　　D. 崇尚精神

3. (　　)是一个民族在长期共同生活和社会实践中形成的,为本民族大多数成员所认同的价值取向、思维方式、道德规范、精神气质的总和。
   A. 民族精神　　B. 民族心理　　C. 民族主义　　D. 民族文化

4. 勤劳勇敢的中国人民培育、继承、发展起来的以(　　)为核心的伟大民族精神,是坚定中国特色社会主义道路自信、理论自信、制度自信、文化自信的底气,是中华民族风雨无阻、高歌行进的根本力量。

A. 社会主义　　B. 集体主义　　C. 爱国主义　　D. 民族主义

5. 伟大的实践孕育伟大的精神。（　　）反映社会发展方向，引领时代进步潮流，是社会的主旋律和时代的最强音。

A. 中国精神　　B. 民族精神　　C. 时代精神　　D. 中华精神

6. 中国精神是兴国强国之魂。爱国主义是中华民族最深厚的思想传统，最能感召中华儿女团结奋斗。（　　）是当代中国最鲜明的时代特征，最能激励中华儿女锐意进取。

A. 开拓进取　　B. 追求卓越　　C. 严谨科学　　D. 改革创新

7. 中华民族的爱国主义传统源远流长，内涵极为丰富。下列诗句中（　　）不是反映爱国主义传统的。

A. 位卑未敢忘忧国，事定犹须待阖棺

B. 衰兰送客咸阳道，天若有情天亦老

C. 寄意寒星荃不察，我以我血荐轩辕

D. 苟利国家生死以，岂因祸福避趋之

8. 中国人民在长期奋斗中培育、继承、发展起来的伟大民族精神源远流长，内涵丰富。其中，夸父追日、盘古开天、愚公移山、精卫填海等动人传说，彰显出（　　）精神。

A. 伟大创造　　B. 伟大奋斗　　C. 伟大团结　　D. 伟大梦想

9. 爱国主义在不同的历史条件和文化背景下有着不同的内涵和特点。在新民主主义革命时期，爱国主义主要表现为致力于推翻帝国主义、封建主义和官僚资本主义的反动统治，把黑暗的旧中国改造成光明的新中国。在现阶段，爱国主义主要表现为献身于社会主义现代化事业，献身于祖国统一大业。这表明爱国主义是（　　）。

A. 主观的、现实的　　　　　　B. 历史的、具体的

C. 客观的、抽象的　　　　　　D. 客观的、具体的

10. 实现中国梦必须弘扬中国精神。（　　）始终是把中华民族坚强团结在一起的精神纽带，改革创新始终是鞭策我们在改革开放中与时俱进的精神力量。

A. 社会主义　　B. 集体主义　　C. 民族主义　　D. 爱国主义

11. 新时代中国爱国主义的鲜明主题是( )。

　　A. 实现中华民族伟大复兴中国梦

　　B. 全力推进社会主义法治国家建设

　　C. 实现经济发展和民生改善良性循环

　　D. 推进国家治理体系和能力现代化

12. ( )是中华民族最深厚的思想传统,最能感召中华儿女团结奋斗。改革创新是当代中国最鲜明的时代特征,最能激励中华儿女锐意进取。

　　A. 社会主义　　B. 集体主义　　C. 民族主义　　D. 爱国主义

13. 多民族是我国的一大特色,也是我国发展的一大有利因素。中华民族和各民族的关系是( )的关系。

　　A. 一个大家庭和家庭成员　　　　B. 家庭成员之间

　　C. 家长与子女之间　　　　　　　D. 不相干的路人

14. 解决台湾问题,实现祖国完全统一,是全体中华儿女共同愿望,是中华民族根本利益所在。党的十八大以来,在以习近平同志为核心的党中央坚强领导下,两岸同胞共同努力,两岸关系和平发展取得重要积极成果。两岸关系和平发展的政治基础是( )。

　　A. 深化利益融合,共创互利共赢

　　B. 相互尊重,求同存异

　　C. 增进同胞福祉,增强民族认同

　　D. 坚持一个中国原则和"九二共识",反对"台独"

15. 当前,维护国家安全的任务更加紧迫,大学生要增强国家安全意识,确立总体国家安全观,以( )为宗旨,走中国特色国家安全道路。

　　A. 经济安全　　B. 政治安全　　C. 人民安全　　D. 国际安全

16. "灭人之国,必先去其史。"一些人否定近现代中国革命历史,抹黑英雄、诋毁革命领袖,这是( )的体现。

　　A. 重评历史　　B. 实事求是　　C. 历史虚无主义　D. 娱乐玩笑

17. 时代精神反映社会发展方向,引领时代进步潮流,是社会的主旋律和时代的最强音。我们大力弘扬的时代精神的核心是( )。

　　A. 无私奉献　　B. 淡泊名利　　C. 自力更生　　D. 改革创新

18. "爱岗敬业、争创一流,艰苦奋斗、勇于创新,淡泊名利、甘于奉献"的( )代表着时代的最强音和社会发展的大潮流。

  A. 抗震救灾精神   B. 奥运世博精神

  C. 载人航天精神   D. 劳模精神

19. 目前,我国经济总量跃居世界第二,但大而不强问题突出,主要体现在( )。

  A. 企业数量众多   B. 创新能力不强

  C. 新创企业数量第一   D. 贸易总额世界第一

20. 大学生作为改革创新的生力军,要增强改革创新的能力本领,应从( )起步和入手,而不能好高骛远,空谈改革,坐论创新。

  A. 敢于标新立异   B. 夯实创新基础

  C. 培养创新思维   D. 投身创新实践

(二) 多项选择题

1. 爱国主义是每个人都应当自觉履行的责任和义务,是对祖国的报答。爱国主义的具体内容包含( )。

  A. 爱祖国的大好河山   B. 爱自己的骨肉同胞

  C. 爱祖国的灿烂文化   D. 爱自己的国家

2. 崇尚精神的优秀传统,贯穿在中华民族筚路蓝缕的奋斗历程中,是中华民族重要的精神标识。中华民族崇尚精神的优秀传统主要表现在( )。

  A. 对理想的不懈追求   B. 对道德修养的重视

  C. 对物质生活的否定   D. 对理想人格的推崇

3. 中国古人在义利观上主张( ),这体现了对物质生活与精神生活相互关系的独到理解。

  A. 先利后义   B. 先义后利   C. 义利并举   D. 以义制利

4. 中国古代有所谓"三立"的说法,这"三立"包括( )。这体现出对道德修养和道德教化的重视。

  A. 立德   B. 立财   C. 立功   D. 立言

5. 中华民族富有崇尚精神的优秀传统,表现之一就是推崇理想人格。

儒家的理想人格包括(　　　)。

　　A. "真人"　　　B. "圣人"　　　C. "君子"　　　D. "新民"

6. 中国精神是(　　　)的统一,实现中国梦,必须弘扬中国精神。

　　A. 民族精神　　　　　　　　B. 博爱精神

　　C. 自由精神　　　　　　　　D. 时代精神

7. (　　　)构成了我国香港特别行政区的宪制基础。推进祖国统一,必须保持香港、澳门长期繁荣稳定。

　　A. 中华人民共和国宪法　　　B. 反分裂国家法

　　C. 香港特别行政区基本法　　D. 中华人民共和国刑法

8. 大学生应自觉履行维护国家安全的法律义务,包括(　　　)等要求。

　　A. 保守国家秘密

　　B. 依照法律服兵役和参加民兵组织

　　C. 不得非法持有国家机密文件

　　D. 及时报告危害国家安全行为

9. 创新思维有(　　　)等特征。

　　A. 发散而多维　　　　　　　B. 善于发现问题

　　C. 注重求异、批判　　　　　D. 往往"异想天开"

10. 中国人民是具有(　　　)的人民。有这样伟大的人民,有这样伟大的民族,有这样的伟大民族精神,是我们的骄傲,是我们坚定自信的底气,也是我们风雨无阻、高歌行进的根本力量!

　　A. 伟大创造精神　　　　　　B. 伟大奋斗精神

　　C. 伟大团结精神　　　　　　D. 伟大梦想精神

(三) 辨析题

1. 任何一种创新,都是提出前人不曾提出的思想,所以,要藐视前人的思想和积累的知识。

2. 近代以来,我国逐渐落后,是因为我们在科技创新上落后于西方,这说明我国传统文化中缺乏创新基因。

3. 爱国的行为应是一种理性的行为,所以,爱国不应该掺杂感情、冲动。

4. 中国共产党从成立之日起,就确立了共产主义的远大目标,所以,它领导的革命和事业是对中华民族重精神传统的背离。

(四) 简答题

1. 民族精神和时代精神的相互关系是怎样的?

2. 为什么必须将立足民族和面向世界结合起来?

3. 当代大学生如何做民族团结的促进派?

(五) 论述题

1. 中国精神的主要内容是什么?如何大力弘扬中国精神?

2. 爱国主义的基本内涵与时代要求是什么?大学生如何做新时代的忠诚爱国者?

参考答案

(一) 单项选择题

1. B 2. D 3. A 4. C 5. C 6. D 7. B 8. D 9. B 10. D 11. A 12. D 13. A 14. D 15. C 16. C 17. D 18. D 19. B 20. B

(二) 多项选择题

1. ABCD 2. ABD 3. BD 4. ACD 5. BC 6. AD 7. AC 8. ABCD 9. ABCD 10. ABCD

(三) 辨析题

1. 错误。任何一项创新,都是站在前人积累的专业知识基础上。创新确实要提出前人不曾提出的思想,但要推出令世人敬仰叹服的新创造,一个创新者必须具备扎实的专业知识基础,否则,就要流于不切实际的空想,或"无知者无畏"的蛮干。漠视专业知识学习,不可能担负改革创新的重任。大学生作为改革创新的生力军,应从扎实系统的专业知识学习起步和入手,而不能好高骛远,空谈改革,坐论创新。

2. 错误。我国近代落后,确实是因为错过了近代以来的科技发展的机遇,但这不等于我国传统文化缺乏创新基因。我国在历史上长期处于世界领先地位,中国人民创造了辉煌灿烂的文明,我国思想文化、社会制度、经济发展、科学技术以及其他许多方面对周边发挥了重要辐射和引领作用,中华文明对世界文明进步作出了巨大贡献,产生了深远影响。所以,创新的基因根植于中国的传统文化中,究其深层精神根源,就在于中华民族创新创造这一宝贵的精神传统和民族禀赋。

3. 错误。爱国应该理性,这是正确的。但这不意味着爱国行为没有感情、冲动甚至激情的因素。因为爱国主义体现了人们对祖国的深厚感情,是一种感情的表达。只不过,这种表达应该要讲原则、守法律,以合理合法的方式来进行。只有把国家的安全、荣誉和利益放在高于一切的地位,始终做到爱国的深厚情感、理性认识和实际行动相一致,与祖国同呼吸、共命运,才是真正的爱国者。

4. 错误。中国共产党是中华民族重精神优秀传统的忠实继承者和坚定弘扬者。在革命、建设、改革各个历史时期,中国共产党都强调要处理好物质和精神的关系,重视发挥人的精神的能动作用,中华民族重精神的优秀传统得到进一步发扬光大。早在革命战争年代,党就提出"全心全意为人民服务"的根本宗旨,始终强调"人是要有一点精神的",要做"一个高尚的人,一个纯粹的人,一个有道德的人,一个脱离了低级趣味的人,一个有益于人民的人"。新中国成立以来,党高度重视精神文明建设,通过加强公民道德建设,开展爱国主义教育、理想信念教育,培育和弘扬民族精神,倡导和践行社会主义核心价值观等,大力提高全体人民的思想追求和精神境界。中国革命、建设和改革事业之所以取得伟大成就,就是一代代共产党人牺牲奉献,发扬光大中华民族重精神的优秀传统的结果。

(四) 简答题

1. 民族精神与时代精神紧密关联,都是一个民族赖以生存和发展的精神支撑。一切民族精神都曾经是一定历史阶段中带动潮流、引领风尚、推动社会发展的时代精神。同时,一切时代精神都将随着历史的变迁逐步融入民族精神的长河之中。弘扬和培育民族精神,必须自觉回应时代的要求,推动民族精神的创新性发展和创造性转化,从而为当下的实践提供精神力量;弘扬和培育时代精神,必须立足民族精神的根基,接续民族精神的血脉、承接民族精神的基因,使得时代精神既面向未来,又不忘本来,始终具有引领民族前行的强大吸引力和感召力。

民族精神和时代精神共同构成中国精神。民族精神赋予中国精神以民族特征,是中华民族的精神独立性得以保持的重要保证;时代精神赋予中国精神以时代内涵,是中国精神引领时代前行、拥有鲜明时代性和强大生命力的重要根源。民族精神和时代精神的交融汇通,使得中国精神既具有鲜明的民族性,又洋溢着强烈的时代性。

2. 中国的命运与世界的命运紧密相关,当今社会越来越成为你中有我、我中有你的命运共同体。坚持新时代的爱国主义,要求我们将立足民族和面向世界辩证统一起来。既要尊重各国的历史特点、文化传统,尊重各国人民选择的发展道路,从不同文明中寻求智慧、汲取营养,增强中华文明生机活力,又要积极倡导求同存异、交流互鉴,促进不同国度、不同文明相互借鉴、共同进步,共同推动人类文明发展进步。

弘扬新时代的爱国主义,必须坚持立足民族,维护国家发展主体性。在参与经济全球化的过程中,必须坚定地捍卫自己国家的利益,这就更需要爱国主义的支撑。弘扬新时代的爱国主义,必须面向世界,构建人类命运共同体。我们要有更加宽广的世界胸怀和全球视野,为维护人类共同利益、推动人类文明发展进步提供中国智慧,始终做世界和平的建设者、全球发展的贡献者、国际秩序的维护者。

3. 促进民族团结,是关系祖国统一和边疆巩固的大事,是关系民族团结和社会稳定的大事,是关系国家长治久安和中华民族繁荣昌盛的大事。

要深化对党的民族理论和民族政策的认识,认真学习国家关于民族事务的法律法规,深入了解中华民族"多元一体"的发展历史。要牢固树立正确的祖国观、民族观,增强对伟大祖国的认同、对中华民族的认同、对中华文化的认同、对中国特色社会主义道路的认同。要铸牢中华民族共同体意识,加强各民族交往交流交融,维护和发展各民族的平等团结互助和谐关系。要尊重兄弟民族的传统文化、风俗习惯和宗教信仰,不说伤害民族感情的话,不做不利于民族团结和社会稳定的事。

要认清"藏独"和"疆独"等各种分裂主义势力的险恶用心和反动本质,敢于同各种分裂活动作斗争,坚决捍卫民族团结进步、共同繁荣发展的大好局面,筑牢各族人民共同维护祖国统一、维护民族团结、维护社会稳定的钢铁长城。

(五) 论述题

1. 中国精神是民族精神和时代精神的统一。以爱国主义为核心的民族精神和以改革创新为核心的时代精神构成中国精神的基本内容。

民族精神是一个民族在长期共同生活和社会实践中形成的,为本民族大多数成员所认同的价值取向、思维方式、道德规范、精神气质的总和,是一个民族赖以生存和发展的精神支柱。在民族精神的诸多构成因素中,爱国主义是民族精神的核心。在漫长的历史发展过程中,中华民族形成了对外来侵略者无比痛恨、对卖国求荣的民族败类无比鄙视、对爱国志士无比崇敬的宝贵民族性格。爱国主义成为动员和鼓舞人们为祖国的生存发展前赴后继、奋斗不息的伟大精神旗帜。伟大创造精神、伟大奋斗精神、伟大团结精神、伟大梦想精神是中华民族精神的生动彰显。勤劳勇敢的中国人民培育、继承、发展起来的以爱国主义为核心的伟大民族精神,是坚定中国特色社会主义道路自信、理论自信、制度自信、文化自信的底气,是中华民族风雨无阻、高歌行进的根本力量。

时代精神是一个国家和民族在新的历史条件下形成和发展的,是体现民族特质并顺应时代潮流的思想观念、价值取向、精神风貌和社会风尚的总和,是一种对社会发展具有积极影响和推动作用的集体意识。时代精神反映社会进步的发展方向,引领时代的进步潮流,是社会的主旋律和时代的最强音。改革创新是时代精神的核心,贯穿于改革开放的全部实践,体现在时代精神的各个方面。改革是破除社会发展障碍、激发社会发展活力的引擎,创新则是民族进步的灵魂、国家兴旺发达的动力。

中国精神是兴国强国之魂。实现中国梦,必须弘扬中国精神,把民族精神和时代精神统一起来,以汇聚起民族强大的精神凝聚力,不断坚定道路自信、理论自信、制度自信、文化自信。同时,我们不能故步自封,必须创新创造,永不僵化,永不停滞,使全体人民始终保持昂扬向上的精神状态和砥砺奋进的奋斗姿态。大学生是民族的希望和祖国的未来,要努力弘扬以爱国主义为核心的民族精神和以改革创新为核心的时代精神,将中国精神转化为青春行动,勇做弘扬和践行中国精神的时代先锋,为国家富强、民族振兴、人民幸福贡献自己的智慧和力量。

2. 爱国主义体现了人们对自己祖国的深厚感情,揭示了个人对祖国的依存关系,是人们对自己家园以及民族和文化的归属感、认同感、尊严感与荣誉感的统一。它是调节个人与祖国之间关系的道德要求、政治原则和法律规范,也是中华民族精神的核心。爱国主义的内涵包括爱祖国的大好河山,爱自己的骨肉同胞,爱祖国的灿烂文化,爱自己的国家。

在新时代,爱国主义体现出鲜明的时代特征。

首先,必须坚持爱国主义和社会主义相统一。我国爱国主义始终围绕着实现民族富强、人民幸福而发展,最终汇流于中国特色社会主义。祖国的命运和党的命运、社会主义的命运是密不可分的。只有坚持爱国和爱党、爱社会主义相统一,爱国主义才是鲜活的、真实的,这是当代中国爱国主义精神最重要的体现。

其次,必须维护祖国统一和民族团结。维护和推进祖国统一,是中华民族走向伟大复兴的题中之义,要从中华民族整体利益的高度把握两岸关系大局,在认清历史发展趋势中把握两岸前途。要自觉维护全国各族人民大团结的政治局面,不断增强对伟大祖国、中华民族、中华文化、中国共产党、中国特色社会主义的认同,坚决维护国家主权、安全、发展利益,筑牢国家统一、民族团结、社会稳定的铜墙铁壁。

再次,必须尊重和传承中华民族历史和文化。中华优秀传统文化是中华民族的精神命脉,其中蕴涵着中华民族世世代代形成和积累的思想营养和实践智慧。要以时代精神激活中华优秀传统文化的生命力,延续文化基因,萃取思想精华,推进中华优秀传统文化创造性转化和创新性发展,在传承与创新中树立和坚持正确的历史观、民族观、国家观、文化观,增强做中国人的骨气和底气。

最后,必须坚持立足民族又面向世界。经济全球化是世界经济发展的必然趋势,但不等于全球政治、文化一体化。国家仍然是民族存在的最高组织形式,我们必须立足民族,维护国家发展主体性。当今世界,没有一个国家可以单独面临各种挑战,也没有哪个国家能退回到自我封闭的状态,我们必须面向世界,构建人类命运共同体。

大学生要做新时代的忠诚爱国者。第一,维护和推进祖国统一:要感悟两岸关系和平发展的潮流,担当起实现民族伟大复兴的历史重任,为推动两岸关系和平发展、实现祖国统一作出自己的贡献。第二,促进民族团结:大学生都要像爱护自己的眼睛一样维护民族团结,像爱护自己的生命一样维护社会稳定,自觉做民族团结进步事业的建设者、维护者、促进者。第三,增强国家安全意识:大学生要对境内外敌对势力的渗透、颠覆、破坏活动保持高度警惕,确立总体国家安全观,增强国防意识,切实履行维护国家安全的义务。

阅读思考

(一)

材料 1

中华民族具有 5000 多年连绵不断的文明历史,创造了博大精深的中华文化，为人类文明进步作出了不可磨灭的贡献。经过几千年的沧桑岁月，把我国56个民族、13亿多人紧紧凝聚在一起的，是我们共同经历的非凡奋斗，是我们共同创造的美好家园，是我们共同培育的民族精神，而贯穿其中的、更重要的是我们共同坚守的理想信念。

实现全面建成小康社会、建成富强民主文明和谐的社会主义现代化国家的奋斗目标，实现中华民族伟大复兴的中国梦，就是要实现国家富强、民族振兴、人民幸福，既深深体现了今天中国人的理想，也深深反映了我们先人们不懈追求进步的光荣传统。

——习近平：《在第十二届全国人民代表大会第一次会议上的讲话》（2013年3月17日），新华网，http://www.xinhuanet.com//2013lh/2013-03/17/c_115055434.htm。

材料2

习近平在主持学习时发表了讲话。他指出，爱国主义是中华民族精神的核心。爱国主义精神深深植根于中华民族心中，是中华民族的精神基因，维系着华夏大地上各个民族的团结统一，激励着一代又一代中华儿女为祖国发展繁荣而不懈奋斗。5000多年来，中华民族之所以能够经受住无数难以想象的风险和考验，始终保持旺盛生命力，生生不息，薪火相传，同中华民族有深厚持久的爱国主义传统是密不可分的。

——《习近平主持中共中央政治局第二十九次集体学习》，新华网，http://www.news.xinhuanet.com//politics/2015-12/30/c_1117631083.htm。

思考：

1. 习近平总书记说"我们共同创造的美好家园"，表达了怎样的殷切希望？
2. 如何理解"爱国主义是中华民族的精神基因"？

（二）

材料1

习近平强调，中国共产党是爱国主义精神最坚定的弘扬者和实践者，始终把实现中华民族伟大复兴作为自己的历史使命。90多年来，我们党团结带领全国各族人民进行的革命、建设、改革实践，是爱国主义的伟大实践，写下了中华民族爱国主义精神的辉煌篇章。

习近平强调,弘扬爱国主义精神,必须坚持爱国主义和社会主义相统一。我国爱国主义始终围绕着实现民族富强、人民幸福而发展,最终汇流于中国特色社会主义。祖国的命运和党的命运、社会主义的命运是密不可分的。只有坚持爱国和爱党、爱社会主义相统一,爱国主义才是鲜活的、真实的,这是当代中国爱国主义精神最重要的体现。今天我们讲爱国主义,这个道理要经常讲、反复讲。

——《习近平主持中共中央政治局第二十九次集体学习》,新华网,http://www.news.xinhuanet.com//politics/2015-12/30/c_1117631083.htm。

材料 2

习近平指出,培养什么人,是教育的首要问题。我国是中国共产党领导的社会主义国家,这就决定了我们的教育必须把培养社会主义建设者和接班人作为根本任务,培养一代又一代拥护中国共产党领导和我国社会主义制度、立志为中国特色社会主义奋斗终身的有用人才。这是教育工作的根本任务,也是教育现代化的方向目标。

习近平强调,要在坚定理想信念上下功夫,教育引导学生树立共产主义远大理想和中国特色社会主义共同理想,增强学生的中国特色社会主义道路自信、理论自信、制度自信、文化自信,立志肩负起民族复兴的时代重任。要在厚植爱国主义情怀上下功夫,让爱国主义精神在学生心中牢牢扎根,教育引导学生热爱和拥护中国共产党,立志听党话、跟党走,立志扎根人民、奉献国家。要在加强品德修养上下功夫,教育引导学生培育和践行社会主义核心价值观,踏踏实实修好品德,成为有大爱大德大情怀的人。要在增长知识见识上下功夫,教育引导学生珍惜学习时光,心无旁骛求知问学,增长见识,丰富学识,沿着求真理、悟道理、明事理的方向前进。要在培养奋斗精神上下功夫,教育引导学生树立高远志向,历练敢于担当、不懈奋斗的精神,具有勇于奋斗的精神状态、乐观向上的人生态度,做到刚健有为、自强不息。要在增强综合素质上下功夫,教育引导学生培养综合能力,培养创新思维。

——《习近平在全国教育大会上强调 坚持中国特色社会主义教育发展道路 培养德智体美劳全面发展的社会主义建设者和接班人》,人民网,http://edu.people.com.cn/n1/2018/0911/c1053-30286253.html。

思考:

1. 如何深刻理解"只有坚持爱国与爱党、爱社会主义相统一,爱国主义才是鲜活的、真实的"?

2. 新时代大学生应当如何"在厚植爱国主义情怀上下功夫"?

(三)

材料

第三,广大青年一定要勇于创新创造。创新是民族进步的灵魂,是一个国家兴旺发达的不竭源泉,也是中华民族最深沉的民族禀赋,正所谓"苟日新,日日新,又日新"。生活从不眷顾因循守旧、满足现状者,从不等待不思进取、坐享其成者,而是将更多机遇留给善于和勇于创新的人们。青年是社会上最富活力、最具创造性的群体,理应走在创新创造前列。

广大青年要有敢为人先的锐气,勇于解放思想、与时俱进,敢于上下求索、开拓进取,树立在继承前人的基础上超越前人的雄心壮志,"以青春之我……,创建青春之国家,青春之民族"。要有逢山开路、遇河架桥的意志,为了创新创造而百折不挠、勇往直前。要有探索真知、求真务实的态度,在立足本职的创新创造中不断积累经验、取得成果。

第四,广大青年一定要矢志艰苦奋斗。"宝剑锋从磨砺出,梅花香自苦寒来。"人类的美好理想,都不可能唾手可得,都离不开筚路蓝缕、手胼足胝的艰苦奋斗。我们的国家,我们的民族,从积贫积弱一步一步走到今天的发展繁荣,靠的就是一代又一代人的顽强拼搏,靠的就是中华民族自强不息的奋斗精神。当前,我们既面临着重要发展机遇,也面临着前所未有的困难和挑战。梦在前方,路在脚下。自胜者强,自强者胜。实现我们的发展目标,需要广大青年锲而不舍、驰而不息的奋斗。

广大青年要牢记"空谈误国、实干兴邦",立足本职、埋头苦干,从自身做起,从点滴做起,用勤劳的双手、一流的业绩成就属于自己的人生精彩。要不怕困难、攻坚克难,勇于到条件艰苦的基层、国家建设的一线、项目攻关的前沿,经受锻炼,增长才干。要勇于创业、敢闯敢干,努力在改革开放中闯新路、创新业,不断开辟事业发展新大地。

——习近平:《在同各界优秀青年代表座谈时的讲话》(2013年5月4日),新华网,http://www.xinhuanet.com//2013-05/04/c_115639203.htm。

思考:

1. 当代大学生应当如何牢记习总书记的嘱托,乘新时代春风,做创新中国的生力军?

2. 联系本章阅读材料,谈谈新时代大学生要在培养奋斗精神和增强综合素质上下功夫。

第四章　践行社会主义核心价值观

内容概述

本章的主题是社会主义核心价值观,以"践行社会主义核心价值观"为章题,共设有三节,分别是"全体人民共同的价值追求""坚定价值观自信""做社会主义核心价值观的积极践行者"。在逻辑结构上,新增的本章与前一章"弘扬中国精神"紧密衔接,进一步条分缕析当代中国精神的集中体现——社会主义核心价值观,着力引导大学生增进对社会主义核心价值观的认知、认同和践行。

古今中外,每个国家都是按照自己的政治要求来培养人的,培养社会发展、知识积累、文化传承、国家存续、制度运行所要求的人。积极培育和践行社会主义核心价值观,是引领大学生成长成才的根本途径,是高校思想政治教育的重要内容。新时代大学生要勤学、修德、明辨、笃实,做社会主义核心价值观的积极践行者,扣好人生的第一粒"扣子"。

第一节　全体人民共同的价值追求

本节阐述社会主义核心价值观与社会主义核心价值体系的密切关联,呈现社会主义核心价值观的基本内容及其弘扬践行的重大意义。

核心价值观,承载着一个民族、一个国家的精神追求,体现着一个社会评判是非曲直的价值标准。全社会积极弘扬和践行社会主义核心价值观,才能汇聚起建设社会主义现代化强国和实现中华民族伟大复兴的中国梦的磅礴力量。

一、社会主义核心价值观的基本内容

核心价值观是一个社会中居统治地位、起支配作用的核心理念,也是一个社会必须长期普遍遵循的基本价值准则,具有相对稳定的特点。社会主义价值观是对社会主义价值的总的看法和最根本观点。社会主义核心价值观,是指那些在社会主义价值体系中居统治地位、起指导作用、从最深层次科学回答"什么是社会主义"或社会主义本质属性这一根本问题、在马克思主义理论体系中占据核心地位的价值理念。

核心价值观是一定社会形态社会性质的集中体现,在一个社会的思想观念体系中处于主导地位,体现着社会制度、社会运行的基本原则和社会发展的基本方向。

党的十八大提出,要倡导富强、民主、文明、和谐,倡导自由、平等、公正、法治,倡导爱国、敬业、诚信、友善,积极培育和践行社会主义核心价值观。这与中国特色社会主义发展要求相契合,与中华优秀传统文化和人类文明优秀成果相承接,是中国共产党凝聚全党全社会价值共识作出的重要论断。社会主义核心价值观的提出,鲜明确立了当代中国的核心价值理念,生动展现了中国共产党和中华民族高度的价值自信与价值自觉。

社会主义核心价值观和社会主义核心价值体系,两者是紧密联系、互为依存、相辅相成的。社会主义核心价值体系主要包括马克思主义指导思想、中国特色社会主义共同理想、以爱国主义为核心的民族精神和以改革创新为核心的时代精神、社会主义荣辱观。社会主义核心价值观是社会主义核心价值体系的精神内核,它体现了社会主义核心价值体系的根本性质和基本特征,反映了社会主义核心价值体系的丰富内涵和实践要求,是社会主义核心价值体系的高度凝练和集中表达。同时,两者具有内在的一致性,都体现了社会主义意识形态的本质要求,体现了社会主义制度在思想和精神层面的质的规定性,是建设中国特色社会主义现代化强国、实现中华民族伟大复兴中国梦的价值引领。

要倡导富强、民主、文明、和谐。富强、民主、文明、和谐是国家层面的价值要求,坚持和发展中国特色社会主义,实现中华民族伟大复兴的中国梦,凝结着中华民族和中国人民对富强、民主、文明、和谐的价值追求。

要倡导自由、平等、公正、法治。自由、平等、公正、法治是社会层面的价值要求,反映了人们对美好社会的期望和憧憬,是衡量现代社会是否充满活力又和谐有序的重要标志。

要倡导爱国、敬业、诚信、友善。爱国、敬业、诚信、友善是公民层面的价值要求。爱国才能承担时代赋予的使命,敬业才能创造更大的人生价值,诚信才能赢得良好的发展环境,友善才能形成和谐的人际关系。

二、当代中国发展进步的精神指引

坚持和发展中国特色社会主义的价值遵循。在全社会大力弘扬社会主义核心价值观,明确中国特色社会主义事业到底追求什么、反对什么,要朝着什么方向走、不能朝什么方向走,坚守我们的价值观立场,坚定中国特色社会主义的道路自信、理论自信、制度自信和文化自信,为社会的有序运行、良性发展提供明确价值准则,保证中国特色社会主义事业始终沿着正确方向前进,是中国特色社会主义的铸魂工程。

提高国家文化软实力的迫切要求。"核心价值观是文化软实力的灵魂、文化软实力建设的重点。这是决定文化性质和方向的最深层次要素。"当今世界,文化越来越成为综合国力竞争的重要因素,成为经济社会发展的重要支撑,文化软实力越来越成为争夺发展制高点、道义制高点的关键所在。文化的力量,归根到底来自凝结其中的核心价值观的影响力和感召力;文化软实力的竞争,本质上是不同文化所代表的核心价值观的竞争。

增进社会团结和谐的最大公约数。历史和现实一再表明,只有建立共同的价值目标,一个国家和民族才会有赖以维系的精神纽带,才会有统一的意志和行动,才会有强大的凝聚力、向心力。培育和践行社会主义核心价值观,能够在具体利益矛盾、各种思想差异之上最广泛地形成价值共识,有效引领整合纷繁复杂的社会思想意识,有效避免利益格局调整可能带来的思想对立和混乱,形成团结奋斗的强大精神力量。

第二节　坚定价值观自信

本节探讨社会主义核心价值观自信问题,强调坚定核心价值观自信,是中国特色社会主义道路自信、理论自信、制度自信和文化自信的价值内核;社会主义核心价值观丰厚的历史底蕴、坚实的现实基础、强大的道义力量为我们坚定核心价值观自信提供了充分的理由。

"一个民族、一个国家,必须知道自己是谁,是从哪里来的,要到哪里去,想明白了、想对了,就要坚定不移朝着目标前进。"这种坚定不移朝着目标前进的精神状态,就是一个民族、一个国家高度自觉自信的状态。

一、社会主义核心价值观的历史底蕴

牢固的核心价值观,都有其固有的根本。抛弃传统、丢掉根本,就等于割断了自己的精神命脉。中华优秀传统文化讲仁爱、重民本、守诚信、崇正义、尚和合、求大同,是涵养社会主义核心价值观的重要源泉,是中华民族的精神命脉。在世界几大古代文明中,中华文明之所以能够没有中断并延续发展至今,一个重要原因就是中华民族有一脉相承的精神追求、精神特质、精神脉络。

培育和弘扬社会主义核心价值观,必须立足中华优秀传统文化。历史是从昨天走到今天再走向明天,不忘本来才能开辟未来,善于继承才能更好创新。坚持历史唯物主义立场,坚持古为今用、推陈出新,有鉴别地加以对待,有扬弃地予以继承;推动中华优秀传统文化创造性转化和创新性发展,激活其生命力,增强其影响力和感召力,把跨越时空、超越国度、富有永恒魅力、具有当代价值的文化精神弘扬起来,把继承优秀传统文化又弘扬时代精神、立足本国又面向世界的当代中国文化创新成果传播出去。

二、社会主义核心价值观的现实基础

习近平指出:"一个民族、一个国家的核心价值观必须同这个民族、这个国家的历史文化相契合,同这个民族、这个国家的人民正在进行的奋斗相结

合,同这个民族、这个国家需要解决的时代问题相适应。"

中国特色社会主义建设是社会主义核心价值观的实践根据。推进中国特色社会主义建设,必然要求有自己鲜亮的精神旗帜,有明确有力的价值引领。社会主义核心价值观生成于中国特色社会主义建设实践,同当今中国最鲜明的时代主题相适应,是当代中国精神的集中体现,是中国特色社会主义本质规定的价值表达。它从价值观的层面,清晰地展现了我们所推进的中国特色社会主义建设的基本特征和根本追求,引领着中国特色社会主义建设铿锵前行。

中国特色社会主义建设也以无可辩驳的事实生动展示着社会主义核心价值观的生机活力。改革开放以来,我们坚持走中国特色社会主义道路,在复杂的国内外形势下,抓住和用好了我国发展的战略机遇期,我国的综合国力、人民的生活水平、国际竞争力和国际影响力都迈上了新台阶,彰显了中国特色社会主义的巨大优越性和强大生命力。社会主义核心价值观的生命力、吸引力和感召力,深深扎根于中国特色社会主义的生动实践之中。

三、社会主义核心价值观的道义力量

真理的力量加上道义的力量,才能行之久远。社会主义核心价值观以其先进性、人民性和真实性而居于人类社会的价值制高点,具有强大的道义力量。

社会主义核心价值观的先进性,体现在它是社会主义制度所坚持和追求的核心价值理念。社会主义制度建立在生产资料公有制的基础之上,消灭了剥削制度,劳动人民成为国家的真正主人,是人类社会迄今为止最先进的社会制度。

社会主义核心价值观的人民性体现在它所代表的最广大人民的根本利益,反映的最广大人民的价值诉求,引导着最广大人民为实现美好社会理想而奋斗。马克思主义最根本的政治立场,就是始终站在广大劳动人民的立场上,以广大劳动人民的解放为旨归,竭尽全力为人民求福利、谋利益。

社会主义核心价值观的道义力量还源于它的真实性。在人类社会发展进程中,许多统治阶级都曾提出了不少看上去非常美好的价值理念,其中有些在历史上也发挥了很大的积极作用,但由于其阶级和历史局限性,这些美好的价值理念并未能彻底地、真正地实现。民主、自由、博爱等便是资产阶级时刻挂在嘴边的价值主张。

坚定社会主义核心价值观自信,要求我们充分认识社会主义核心价值观的优越性及其在中华民族实现梦想的奋斗中所具有的重大意义,自觉以社会主义核心价值观来引领我们的接力前行;要求我们自觉以社会主义核心价值观引领多样化的社会思潮,运用马克思主义客观辩证地分析各种错误价值观的实质,增强抵御错误价值观侵蚀的能力,不断增强社会凝聚力和价值共识;要求我们虚心学习借鉴人类社会创造的一切文明成果,但不能数典忘祖,不能照抄照搬别国的发展模式,也绝不会接受任何外国颐指气使的说教。

第三节 做社会主义核心价值观的积极践行者

本节落地于自觉践行上,强调大学生要坚持由易到难、由近及远,从现在做起,从自己做起,努力把社会主义核心价值观内化为自己的精神追求,外化为自觉的实际行动,从一开始扣好人生的"扣子"。

一、扣好人生的扣子

青年的价值取向决定了未来整个社会的价值取向,而青年又处在价值观形成和确立的时期,抓好这一时期的价值观养成十分重要。

大学生在高校生活,少则三到四年,多则九到十年,正处在人生成长的关键时期,知识体系搭建尚未完成,价值观塑造尚未成型,情感心理尚未成熟,需要加以正确引导。这好比小麦的灌浆期,这个时候阳光水分跟不上,就会耽误一季的庄稼。正如习近平指出:"这就像穿衣服扣扣子一样,如果第一粒扣子扣错了,剩余的扣子都会扣错。人生的扣子从一开始就要扣好。"

大学生成长成才和全面发展,离不开正确价值观的引领。当今世界和当代中国都处于大变革之中。这种变革反映到人们的思想观念中,自然会产生多种多样的思想理论和价值理念。

核心价值观的养成绝非一日之功。大学生要坚持由易到难、由近及远，从现在做起，从自己做起，努力把核心价值观的要求变成日常的行为准则，形成自觉奉行的信念理念，并身体力行大力将其推广到全社会去，为实现国家富强、民族振兴、人民幸福的中国梦凝聚强大的青春能量。

二、勤学修德明辨笃实

"一种价值观要真正发挥作用，必须融入社会生活，让人们在实践中感知它、领悟它。"这就要求在培育和弘扬的过程中，下好落细、落小、落实的功夫。对于大学生而言，就是要切实做到勤学、修德、明辨、笃实，使社会主义核心价值观成为一言一行的基本遵循。

勤学。知识是树立社会主义核心价值观的重要基础。大学生正处于学习科学知识的黄金时期，为学之要贵在勤奋、贵在钻研、贵在有恒，要下得苦功夫，求得真学问，把学习作为一种精神追求、一种生活方式，以韦编三绝、悬梁刺股的毅力，以凿壁借光、囊萤映雪的劲头，努力扩大知识半径，既读有字之书，也读无字之书，砥砺道德品质，掌握真才实学，练就过硬本领。要努力掌握马克思主义理论，形成正确的世界观和科学的方法论，深化对社会主义核心价值观的认知认同。要注重把所学知识内化于心，形成自己的见解，专攻博览，努力掌握为祖国、为人民服务的真才实学，让勤于学习、敏于求知成为青春远航的动力。

修德。"德者，本也。"蔡元培曾经说过："若无德，则虽体魄智力发达，适足助其为恶。"道德之于个人、之于社会，都具有基础性意义，做人做事第一位的是崇德修身。"核心价值观，其实就是一种德，既是个人的德，也是一种大德，就是国家的德、社会的德。国无德不兴，人无德不立。"一个人只有明大德、守公德、严私德，其才方能用得其所。修德，既要立意高远，又要立足平实。要立志报效祖国、服务人民，这是大德，养大德者方可成大业。同时，还得从做好小事、管好小节开始起步，"见善则迁，有过则改"，踏踏实实修好公德、私德，学会劳动、学会勤俭，学会感恩、学会助人、学会谦让、学会宽容、学会自省、学会自律，加强道德修养，注重道德实践。

明辨。要增强价值判断力和道德责任感,辨别什么是真善美、什么是假恶丑,自觉做到常修善德、常怀善念、常做善举。当前,在一些领域和一些人当中,价值判断没有了界限、丧失了底线,甚至以假乱真、以丑为美、以耻为荣。大学生一定要正视价值观选择和道德责任感,学会思考、善于分析、强化判断、正确抉择,做到稳重自持、从容自信、坚定自励。善于明辨是非,善于决断选择,旗帜鲜明地弘扬真善美、贬斥假恶丑,树立正确导向,澄清模糊认识,匡正失范行为,形成激浊扬清、抑恶扬善的思想道德舆论,自觉做良好道德风尚的建设者、社会文明进步的推动者。

笃实。道不可坐论,德不能空谈。于实处用力,从知行合一上下功夫,核心价值观才能内化为人们的精神追求,外化为人们的自觉行动。《礼记》中说:"博学之,审问之,慎思之,明辨之,笃行之。"有人说:"圣人是肯做工夫的庸人,庸人是不肯做工夫的圣人。"青年有着大好机遇,关键是要迈稳步子、夯实根基、久久为功。心浮气躁,朝三暮四,学一门丢一门,干一行弃一行,无论为学还是创业,都是最忌讳的。"天下难事,必作于易;天下大事,必作于细。"成功的背后,永远是艰辛努力。青年要把艰苦环境作为磨炼自己的机遇,把小事当作大事干,一步一个脚印往前走。滴水可以穿石。只要坚韧不拔、百折不挠,成功就一定在前方等你。

培育和践行社会主义核心价值观,既要目标高远,保持定力、不懈奋进,又要脚踏实地,严于律己、精益求精。新时代大学生要将社会主义核心价值观转化为人生的价值准则,勤学以增智、修德以立身、明辨以正心、笃实以为功,始终走在时代前列,成为社会主义核心价值观的坚定信仰者、积极传播者、模范践行者。

习题训练

(一) 单项选择题

1. 党的(　　)提出,要倡导富强、民主、文明、和谐,倡导自由、平等、公正、法治,倡导爱国、敬业、诚信、友善,积极培育和践行社会主义核心价值观。

  A. 十六大 B. 十七大 C. 十八大 D. 十九大

  2. (　　)是一定社会形态社会性质的集中体现,在一个社会的思想观念体系中处于主导地位,体现着社会制度、社会运行的基本原则和社会发展的基本方向。

  A. 人生观   B. 法治素质

  C. 核心价值观   D. 思想道德素质

  3. "三个倡导",明确了在多元中立主导,在多样中谋共识,在多变中定方向,有利于进一步深入揭示(　　)的精神内核和根本理念。

  A. 社会主义思想道德建设 B. 社会主义先进文化建设

  C. 社会主义精神文明建设 D. 社会主义核心价值体系

  4. 社会主义核心价值观中,体现社会层面价值要求的是(　　)。

  A. 富强、民主、文明、和谐 B. 自由、平等、公正、法治

  C. 爱国、敬业、诚信、友善 D. 社会主义荣辱观

  5. 富强、民主、文明、和谐,自由、平等、公正、法治,(　　),传承着中国优秀传统文化的基因,寄托着近代以来中国人民上下求索、历经千辛万苦确立的理想和信念,也承载着我们每个人的美好愿景。

  A. 团结、包容、理性、平和 B. 爱国、敬业、诚信、友善

  C. 和平、发展、合作、共赢 D. 自立、自强、自信、自律

  6. 社会主义核心价值观中,(　　)体现的是公民层面的价值要求。

  A. 富强、民主、文明、和谐 B. 自由、平等、公正、法治

  C. 爱国、敬业、诚信、友善 D. 社会主义荣辱观

  7. 党的十八大提出倡导(　　),倡导自由、平等、公正、法治,倡导爱国、敬业、诚信、友善,积极培育和践行社会主义核心价值观。这个概括实际上回答了我们要建设什么样的国家、建设什么样的社会、培育什么样的公民的重大问题。

  A. 自立、自强、自信、自律 B. 富强、民主、文明、和谐

  C. 创新、协调、绿色、共享 D. 和平、发展、合作、共赢

  8. 中国特色社会主义共同理想是社会主义核心价值体系的(　　)。

A. 精髓　　　B. 灵魂　　　C. 主题　　　D. 基础

9. 社会思潮越是纷繁复杂,越需要主旋律,越需要用( )的指导思想引领多样化的社会意识。

A. 一元化　　B. 个性化　　C. 集约化　　D. 多元化

10. 牢固的核心价值观,都有其固有的根本。抛弃传统、丢掉根本,就等于割断了自己的精神命脉。培育和弘扬社会主义核心价值观,必须立足于( ),加强传承体系的建设。

A. 西方普世价值　　　　　B. 儒家传统道德
C. 当代价值观念　　　　　D. 中华优秀传统文化

11. ( )是文化软实力的灵魂、文化软实力建设的重点,是决定文化性质和方向的最深层次要素。

A. 核心价值观　B. 民族精神　C. 开拓创新　D. 先进文化

12. 社会主义核心价值体系把我们党倡导的基本理论、思想观念和( )系统凝练地整合在一起。

A. 方针政策　B. 价值取向　C. 基本路线　D. 基本纲领

13. 党的十八大提出"三个倡导",强调富强、民主、文明、和谐,( ),爱国、敬业、诚信、友善。这表明社会主义核心价值观在社会主义核心价值体系的基础上,更加突出核心要素、更加注重凝练表达、更加强化实践导向。

A. 自立、自强、自信、自律　　B. 团结、宽容、厚德、互助
C. 公平、包容、责任、开放　　D. 自由、平等、公正、法治

14. ( )是社会主义核心价值体系的灵魂。

A. 马克思主义指导思想　　　B. 民族精神和时代精神
C. 社会主义荣辱观　　　　　D. 中国特色社会主义共同理想

15. ( ),在多元多样中立主导,在交流交融中谋共识,在变化变动中一以贯之,既肯定主流又正视支流,有利于形成既包容多样又有力抵制各种错误思潮和腐朽思想、既坚守基本的社会思想道德又向着更高目标前进的生动局面。

A. 坚持社会思想道德　　　　B. 加强党的理论建设
C. 建设社会主义核心价值体系　D. 增强社会主义国家的综合国力

16. 习总书记在北京大学考察时强调,青年要自觉践行社会主义核心价值观。要在(　　)上下功夫,知识是树立核心价值观的重要基础,为学之要贵在勤奋、贵在钻研、贵在有恒,下得苦功夫,求得真学问。

　　A. 勤学　　　　B. 修德　　　　C. 明辨　　　　D. 笃实

17. 习总书记在北京大学考察时强调,青年要自觉践行社会主义核心价值观。要在(　　)上下功夫,既要立意高远,又要立足平实。要立志报效祖国、服务人民,同时,要从做好小事、管好小节开始起步,加强道德修养,注重道德实践。

　　A. 勤学　　　　B. 修德　　　　C. 明辨　　　　D. 笃实

18. 习总书记在北京大学考察时强调,青年要自觉践行社会主义核心价值观。要在(　　)上下功夫,学会思考、善于分析、正确抉择,做到稳重自持、从容自信、坚定自励。

　　A. 勤学　　　　B. 修德　　　　C. 明辨　　　　D. 笃实

19. 习总书记在北京大学考察时强调,青年要自觉践行社会主义核心价值观。要在(　　)上下功夫,道不可坐论,德不能空谈,实处用力,知行合一,核心价值观才能内化为人们的精神追求,外化为人们的自觉行动。

　　A. 勤学　　　　B. 修德　　　　C. 明辨　　　　D. 笃实

20. 我们的高校是党领导下的高校,是中国特色社会主义高校。必须坚持以马克思主义为指导,全面贯彻党的教育方针。要坚持不懈(　　),引导广大师生做社会主义核心价值观的坚定信仰者、积极传播者、模范践行者。

　　A. 传播马克思主义科学理论

　　B. 培育和弘扬社会主义核心价值观

　　C. 促进高校和谐稳定

　　D. 培育优良校风和学风

(二) 多项选择题

1. 核心价值观建设是个大工程,它是一个国家的(　　)。

　　A. 灵魂工程　　B. 命运工程　　C. 希望工程　　D. 未来工程

2. 培育和践行社会主义核心价值观要坚持以下(　　)原则。

A. 以人为本 B. 以理想信念为核心
C. 联系实际 D. 改革创新

3. 社会主义核心价值观的基本范畴有（　　）。

A. 倡导富强、民主、文明、和谐 B. 倡导自由、平等、公正、法治
C. 倡导爱国、敬业、诚信、友善 D. 倡导改革、开放、民主、科学

4. 社会主义核心价值体系的基本内容是（　　）。

A. 马克思主义指导思想

B. 中国特色社会主义共同理想

C. 以爱国主义为核心的民族精神和以改革创新为核心的时代精神

D. 社会主义荣辱观

5. 真理的力量加上道义的力量，才能行之久远。社会主义核心价值观以其（　　）而居于人类社会的价值制高点，具有强大的道义力量。

A. 先进性 B. 人民性 C. 开放性 D. 真实性

6. 坚定的核心价值观自信，是中国特色社会主义（　　）的价值内核。

A. 道路自信 B. 理论自信 C. 制度自信 D. 文化自信

7. 社会主义核心价值观（　　）为我们坚定核心价值观自信提供了充分的理由。

A. 丰厚的历史底蕴 B. 强大的理论自信
C. 强大的道义力量 D. 坚实的现实基础

8. 青年要做社会主义核心价值观的积极践行者。对于大学生而言，就是要切实做到（　　），使社会主义核心价值观成为一言一行的基本遵循。

A. 勤学 B. 修德 C. 明辨 D. 笃实

9. 社会主义核心价值观具有（　　）。

A. 包容性 B. 民族性 C. 引领性 D. 崇高性

10. 人类社会发展的历史表明，对一个民族、一个国家来说，最持久、最深层次的力量是全社会共同认可的核心价值观。积极培育和践行社会主义核心价值观，有利于（　　）。

A. 巩固马克思主义在意识形态领域的指导地位

B. 巩固全党全国人民团结奋斗的共同思想基础

C. 促进人的全面发展和引领社会全面进步

D. 集聚实现中华民族伟大复兴中国梦的强大正能量

(三) 辨析题

1. 社会主义核心价值观是社会主义核心价值体系的精神内核,是社会主义核心价值体系的高度凝练和集中表达。

2. 当今世界,文化软实力越来越成为争夺发展制高点、道义制高点的关键所在。而核心价值观是文化软实力的灵魂、文化软实力建设的重点。

3. "富强、民族、文明、和谐"的价值追求回答了我们要建设什么样的社会的重大问题。

4. 自由、平等、公正、法治,这一价值追求涵盖了社会公德、职业道德、家庭美德、个人品德等各个方面,是每一个公民都应当遵守的道德规范。

5. 社会主义核心价值观必须广泛借鉴世界文明成果,符合人类最美好的价值追求。

(四) 简答题

1. 社会主义核心价值观与社会主义核心价值体系是怎样的关系?
2. 社会主义核心价值观的基本内容是什么?
3. 大学生应当如何坚定社会主义核心价值观自信?

(五) 论述题

1. 如何理解青年大学生"人生的扣子从一开始就要扣好"?
2. 培育和践行社会主义核心价值观的重大意义是什么?

参考答案

(一) 单项选择题

1. C 2. C 3. D 4. B 5. B 6. C 7. B 8. C 9. A 10. D 11. A

12. B 13. D 14. A 15. C 16. A 17. B 18. C 19. D 20. B

(二) 多项选择题

1. AB 2. ABCD 3. ABC 4. ABCD 5. ABD 6. ABCD 7. ACD
8. ABCD 9. ABCD 10. ABCD

(三) 辨析题

1. 正确。社会主义核心价值观和社会主义核心价值体系，两者是紧密联系、互为依存、相辅相成的。社会主义核心价值观是社会主义核心价值体系的精神内核，它体现了社会主义核心价值体系的根本性质和基本特征，反映了社会主义核心价值体系的丰富内涵和实践要求，是社会主义核心价值体系的高度凝练和集中表达。

2. 正确。核心价值观是决定文化性质和方向的最深层次要素。当今世界，文化越来越成为综合国力竞争的重要因素，成为经济社会发展的重要支撑，文化的力量，归根到底来自于凝结其中的核心价值观的影响力和感召力；文化软实力的竞争，本质上是不同文化所代表的核心价值观的竞争。现在，越来越多的国家把提升文化软实力确立为国家战略，价值观之争日趋激烈。社会主义核心价值观的提出，意味着当代中国对提升国家文化软实力的一种自觉。

3. 错误。坚持和发展中国特色社会主义，实现中华民族伟大复兴的中国梦，凝结着中华民族和中国人民对富强、民主、文明、和谐的价值追求。这一价值追求回答了我们要建设什么样的国家的重大问题，揭示了当代中国在经济发展、政治文明、文化繁荣、社会进步等方面的价值目标，从国家层面标注了社会主义核心价值观的时代刻度。

4. 错误。自由、平等、公正、法治，反映了人们对美好社会的期望和憧憬，是衡量现代社会是否充满活力又和谐有序的重要标志。这一价值追求回答了我们要建设什么样的社会的重大问题，与实现国家治理体系和治理能力现代化的要求相契合，揭示了社会主义社会发展的价值取向。爱国、敬业、诚信、友善，这一价值追求才回答了我们要培育什么样的公民的重大问题，涵盖了社会公德、职业道德、家庭美德、个人品德等各个方面，是每一个公民都应当遵守的道德规范。

5. 正确。社会主义核心价值观必须广泛借鉴世界文明成果，符合人类最美好的价值追求。任何一种核心价值观都应当具有人类共性和自身个性的双重特征。社会主义核心价值观自然首先体现并保持其独特的个性，但同时也一定要将这种个性置于整个人类文明的大背景下，自觉追求与人类文明进步方向的一致性。从历史发展来看，社会主义本身就是在吸收借鉴包括资本主义文明成果在内的人类一切文明成果的基础上发展起来的。

(四) 简答题

1. 社会主义核心价值观和社会主义核心价值体系，两者是紧密联系、互为依存、相辅相成的。社会主义核心价值观是社会主义核心价值体系的精神内核，它体现了社会主义核心价值体系的根本性质和基本特征，反映了社会主义核心价值体系的丰富内涵和实践要求，是社会主义核心价值体系的高度凝练和集中表达。同时，社会主义核心价值观与社会主义核心价值体系具有内在的一致性，都体现了社会主义意识形态的本质要求，体现了社会主义制度在思想和精神层面的质的规定性，是建设中国特色社会主义现代化强国、实现中华民族伟大复兴中国梦的价值引领。

2. 核心价值观是一定社会形态社会性质的集中体现，在一个社会的思想观念体系中处于主导地位，体现着社会制度、社会运行的基本原则和社会发展的基本方向。党的十八大提出，要倡导富强、民主、文明、和谐，倡导自由、平等、公正、法治，倡导爱国、敬业、诚信、友善，积极培育和践行社会主义核心价值观。坚持和发展中国特色社会主义，实现中华民族伟大复兴的中国梦，凝结着中华民族和中国人民对富强、民主、文明、和谐的价值追求。自由、平等、公正、法治，反映了人们对美好社会的期望和憧憬，是衡量现代社会是否充满活力又和谐有序的重要标志。爱国才能承担时代赋予的使命，敬业才能创造更大的人生价值，诚信才能赢得良好的发展环境，友善才能形成和谐的人际关系。

3. 中华优秀传统文化是涵养社会主义核心价值观的重要源泉，是中华民族的精神命脉。中国特色社会主义建设是社会主义核心价值观的实践根据。社会主义核心价值观以其先进性、人民性和真实性而居于人类社会的价值制高点，具有强大的道义力量。

坚定社会主义核心价值观自信，要求我们充分认识社会主义核心价值观的优越性及其在中华民族实现自己梦想的奋斗中所具有的重大意义，自觉以社会主义核心价值观来引领我们的接力前行；要求我们自觉以社会主义核心价值观引领多样化的社会思潮，运用马克思主义客观辩证地分析各种错误价值观的实质，增强抵御错误价值观侵蚀的能力，不断增强社会凝聚力和价值共识；要求我们在发展的进程中虚心学习借鉴人类社会创造的一切文明成果，但不能数典忘祖，不能照抄照搬别国的发展模式，也绝不会接受任何外国颐指气使的说教。

(五) 论述题

1. 大学生正处在人生成长的关键时期，知识体系搭建尚未完成，价值观塑造尚未成型，情感心理尚未成熟，需要加以正确引导。这好比小麦的灌浆期，这个时候阳光水分跟不上,就会耽误一季的庄稼。青年的价值取向决定了未来整个社会的价值取向,而青年又处在价值观形成和确立的时期,抓好这一时期的价值观养成十分重要。正如习近平指出:"这就像穿衣服扣扣子一样,如果第一粒扣子扣错了,剩余的扣子都会扣错。人生的扣子从一开始就要扣好。"

  大学生成长成才和全面发展,离不开正确价值观的引领。当今世界和当代中国都处于大变革之中。这种变革反映到人们的思想观念中,自然会产生多种多样的思想理论和价值理念。面对世界范围内各种思想文化交流交融交锋的新形势,面对整个社会思想价值观念呈现多元多样、复杂多变的新特点,大学生健康成长成才更加需要正确价值观的引领。

  核心价值观的养成绝非一日之功。大学生要坚持由易到难、由近及远,从现在做起,从自己做起,努力把核心价值观的要求变成日常的行为准则,形成自觉奉行的信念理念,并身体力行大力将其推广到全社会去,为实现国家富强、民族振兴、人民幸福的中国梦凝聚强大的青春能量。

  2. 培育和践行社会主义核心价值观,是有效整合我国社会意识、凝聚社会价值共识、解决和化解社会矛盾、聚合磅礴之力的重大举措,是保证我国经济社会沿着正确的方向发展、实现中华民族伟大复兴的价值支撑,意义重大而深远。

  坚持和发展中国特色社会主义的价值遵循。中国特色社会主义是全面发展、全面进步的社会主义。在全社会大力弘扬社会主义核心价值观,明确中国特色社会主义事业到底追求什么、反对什么,要朝着什么方向走、不能朝什么方向走,坚守我们的价值观立场,坚定中国特色社会主义的道路自信、理论自信、制度自信和文化自信,为社会的有序运行、良性发展提供明确价值准则,保证中国特色社会主义事业始终沿着正确方向前进,是中国特色社会主义的铸魂工程。

  提高国家文化软实力的迫切要求。核心价值观是文化软实力的灵魂、文化软实力建设的重点。这是决定文化性质和方向的最深层次要素。当今世界,文化软实力越来越成为争夺发展制高点、道义制高点的关键所在。文化的力量,归根到底来自于核心价值观的影响力和感召力;文化软实力的竞争,本质上是不同文化所代表的核心价值观的竞争。培育和践行社会主义核心价值观,有利于增进国际社会对中国的理解,扩大中华文化影响力,展示社会主义中国的良好形象;有利于增强社会主义意识形态的竞争力,掌握话语权,赢得主动权,逐步打破西方的话语垄断、舆论垄断,维护国家文化利益和意识形态安全,不断提高我们国家的文化软实力。

增进社会团结和谐的最大公约数。历史和现实一再表明,只有建立共同的价值目标,一个国家和民族才会有赖以维系的精神纽带,才会有统一的意志和行动,才会有强大的凝聚力、向心力。当前,我国正处在经济转轨和社会转型的加速期,思想领域日趋多元、多样、多变,各种思潮此起彼伏,各种观念交相杂陈,不同价值取向并存,所有这些表现出来的是具体利益、观念观点之争,但折射出来的是价值观的分歧。培育和践行社会主义核心价值观,能够在具体利益矛盾、各种思想差异之上最广泛地形成价值共识,有效引领整合纷繁复杂的社会思想意识,有效避免利益格局调整可能带来的思想对立和混乱,形成团结奋斗的强大精神力量。

阅读思考

(一)

材料 1

原告周某居住在长沙市某社区,部分社区居民经常在晚上 8 点左右到其楼下的人行道上跳广场舞,音响器材音量过大,严重影响其安静生活。周某报警要求某公安分局依法进行处理。某公安分局接警后,多次到现场劝说跳舞居民将音响音量调小,或者更换跳舞场地,但一直未有明显效果。此后,原告向人民法院起诉,要求某公安分局依法处理。人民法院经审理认为,某公安分局对于原告报警所称的部分居民在原告楼下跳广场舞并使用音响器材这一行为是否存在违法事项、是否需要进行行政处罚等实质问题并未依法予以认定,遂判决某公安分局依法对周某的报案作出处理。判决生效后,该公安分局又数次对跳舞的人们进行劝解、教育,并加强与当地社区的合作,引导广场舞队转移至距离原处百米之外的空坪上。原告所住的社区也在政府部门的积极协调和支持下,与长沙某汽车站达成一致,将在车站附近建设一块专门用于广场舞等娱乐活动的健身场所,既避免噪声扰民,又给跳舞健身爱好者自由活动的场所。

——《最高人民法院公布 10 起弘扬社会主义核心价值观典型案例》(2016 年 3 月 10 日),《人民法院报》,http://rmfyb.chinacourt.org/paper/html/2016-03/10/。

材料 2

"文明健身、和谐生活",既是社会主义精神文明的体现,也是法治精神的体现。广大群众积极参加健身活动,有利身心健康,增强体魄,但不能因此损害他人的合法权益。本案原告周某因社区居民在其楼下跳广场舞,严重影响生活安宁,向某公安分局报案处理未果后提起行政诉讼。人民法院依法判决该公安分局对周某的报案作出行政处理。本案也提醒广大群众:强身健体,也要尊重他人权利,这样才能真正保证健身的"幸福指数",提升和谐共处的"文明指数"。

——《最高人民法院公布 10 起弘扬社会主义核心价值观典型案例》(2016 年 3 月 10 日),《人民法院报》,http://rmfyb.chinacourt.org/paper/html/2016-03/10/。

材料 3

《中华人民共和国环境噪声污染防治法》第五十八条:违反本法规定,有下列行为之一的,由公安机关给予警告,可以并处罚款:……(二)违反当地公安机关的规定,在城市市区街道、广场、公园等公共场所组织娱乐、集会等活动,使用音响器材,产生干扰周围生活环境的过大音量的;……

《中华人民共和国治安管理处罚法》第七条:国务院公安部门负责全国的治安管理工作。县级以上地方各级人民政府公安机关负责本行政区域内的治安管理工作。治安案件的管辖由国务院公安部门规定。第五十八条:违反关于社会生活噪声污染防治的法律规定,制造噪声干扰他人正常生活的,处警告;警告后不改正的,处二百元以上五百元以下罚款。

思考:

上述材料体现了怎样的法治观念?

(二)

材料 1

我们要在全社会大力弘扬和践行社会主义核心价值观,使之像空气一样无处不在、无时不有,成为全体人民的共同价值追求,成为我们生而为中国人的独特精神支柱,成为百姓日用而不觉的行为准则。要号召全社会行动起来,通过教育引导、舆论宣传、文化熏陶、实践养成、制度保障等,使社会主义核心价值观内化为人们的精神追求、外化为人们的自觉行动。

——习近平:《在文艺工作座谈会上的讲话》(2014年10月15日),新华网,http://www.xinhuanet.com/politics/2015-10/14/c_1116825558.htm。

材料2

……青年的价值取向决定了未来整个社会的价值取向,而青年又处在价值观形成和确立的时期,抓好这一时期的价值观养成十分重要。这就像穿衣服扣扣子一样,如果第一粒扣子扣错了,剩余的扣子都会扣错。人生的扣子从一开始就要扣好。

——习近平:《在北京大学师生座谈会上的讲话》(2014年5月4日),新华网,http://www.xinhuanet.com//politics/2014-05/04/c_126460590.htm。

材料3

"凿井者,起于三寸之坎,以就万仞之深。"青年要从现在做起、从自己做起,使社会主义核心价值观成为自己的基本遵循,并身体力行大力将其推广到全社会去。

——习近平:《在北京大学师生座谈会上的讲话》(2014年5月4日),新华网,http://www.xinhuanet.com//politics/2014-05/04/c_126460590.htm。

思考:

结合学习习近平总书记生动的"空气论""扣子论"和"凿井论",谈谈当代大学生应当如何培育和践行社会主义核心价值观。

第五章　明大德守公德严私德

内容概述

本章的主题是道德观和道德素质,以"明大德守公德严私德"为章题,共设有四节,分别是"道德及其变化发展""吸收借鉴优秀道德成果""遵守公民道德准则""向上向善、知行合一"。旨在引导大学生树立正确的道德观,踏踏实实修好品德,感悟道德力量、坚定道德信心,高扬中华美德、传承红色基因,明辨道德状况、认清道德主流,成为有大爱大德大情怀的人,在接续中华民族道德文化血脉中共建社会主义道德家园。

新时代大学生要认真学习领会马克思主义关于道德的基本理论,自觉传承弘扬中华传统美德和中国革命道德,积极吸收借鉴人类优秀道德成果,准确把握社会主义道德建设的核心和原则,自觉讲道德、尊道德、守道德,弘扬真善美,传播正能量,为培育崇德向善、见贤思齐、德行天下的社会风尚而躬行践履。要加强品德修养,锤炼道德品质,引领道德风尚,努力成为道德建设参与者、良风美俗维护者、躬身行德实践者。

第一节　道德及其变化发展

本节重点探讨道德的起源、本质、功能、作用和变化发展,揭示国无德不兴,人无德不立,道德之于个人、之于社会,所具有的基础性意义。有助于大学生更加自觉地体认做人做事第一位的是崇德修身、明德惟馨。

一、什么是道德

作为人类社会特有的一种社会现象,道德是人类社会发展到一定阶段的必然产物。准确把握道德的起源和本质,是大学生建立正确的道德认知的前提。

(一)道德的起源

劳动是道德起源的首要前提。劳动将人与动物区分开来,创造了人、社会和社会关系,也创造了道德。劳动创造了道德主体。劳动在创造人的同时也形成了人与人的关系,原始的劳动分工与协作,使相互依赖、相互扶持自觉不自觉地成为当时最自然、最朴实的道德生活状态。因此,劳动创造了人和人类社会,是道德起源的第一个历史前提。

社会关系是道德赖以产生的客观条件。在生产生活的实践活动中,人类必然要发生各种各样的人际交往和社会关系。正是社会关系的形成和发展产生了调节各种关系特别是利益关系的需要,道德恰恰是适应社会关系调节的需要而产生的。

人的自我意识是道德产生的主观条件。意识是道德产生的思想认识前提。人只有在社会实践中,充分意识到自我作为社会成员与其他动物的根本区别,意识到自我在社会中的角色与地位,意识到自我与他人或集体不同的利益关系,并由此产生调节利益矛盾的迫切要求时,道德才得以产生。

马克思主义道德理论在人类思想史上第一次科学而全面地论述了道德的起源问题,为正确认识和理解道德的本质奠定了基础。

(二)道德的本质

道德属于上层建筑的范畴,是一种特殊的社会意识形态。正确理解道德的本质,应该把握经济基础对道德的决定作用,以及道德在一定条件下对经济基础的能动作用。

道德是反映社会经济关系的特殊意识形态。道德的产生、发展和变化,归根结底根源于社会经济关系。其一,道德的性质和基本原则、规范反映了与之相应的社会经济关系的性质和内容。其二,道德随着社会经济关系的变化而变化。在人类道德史上,一切道德上的兴衰起伏、进退消长,从根本上说是源于社会经济关系的变革。其三,道德在阶级社会里总是反映着一定阶级的利益,具有阶级性;同时,不同阶级之间的道德也有一些共同之处,反映着道德的普遍性。正确把握道德的阶级性和普遍性及其辩证关系,是理解道德本质的一个重要方面。其四,道德一经产生,便有相对独立性。其既表现为道德的历史继承性,也表现为道德对社会发展具有能动的反作用。

道德是社会利益关系的特殊调节方式。道德是一种调整人与人、人与社会、人与自然以及人与自身之间关系的特殊的行为规范。它是用善恶标准去评价,依靠社会舆论、传统习俗、内心信念来维持的,因此是一种非制度化的、柔性的规范,是处于同一社会或同一生活环境中的人们在长期的共同生活过程中逐渐积累形成的要求、秩序和理想,它通过社会的道德风尚和个人的道德风范来调节利益关系。

道德是一种实践精神。道德是一种旨在通过把握世界的善恶现象而规范人们的行为并通过人们的实践活动体现出来的社会意识。道德把握世界的方式是从人的需要出发,从特定的价值出发来改造世界,对世界进行价值评价。道德立足现实而追求理想,并以理想来改造和提升现实。

总之,道德作为一种实践精神,是特殊的意识信念、行为准则、评价选择等方面的总和,是调节社会关系、发展个人品质、提高精神境界等活动的动力。

二、道德的功能与作用

道德作为人类的社会生活发展到一定阶段的必然产物,源于人的社会生活需要,又服务于人的社会生活需要。道德在人类社会中居于特别重要的地位,具有特殊的功能和作用。

(一)道德的功能

道德的功能,一般是指道德作为社会意识的特殊形式对于社会发展所具有的功效与能力。道德的功能是多元的,同时也是多层次的。

道德的认识功能是指道德反映社会关系特别是反映社会经济关系的功效与能力。道德往往运用善恶、荣辱、义务、良心等范畴,反映人类的道德实践活动和道德关系,从中揭示社会道德发展的趋势,为人们的行为选择提供指南。

道德的规范功能是指在正确善恶观的指引下,规范社会成员在社会公共领域、职业领域、家庭领域的行为,并规范个人品德的养成,引导并促进人们崇德向善。从道德的特征来说,道德和法律一样,都是通过规范人的行为发挥作用。

道德的调节功能是指道德通过评价等方式,指导和纠正人们的行为和实践活动,协调社会关系和人际关系的功效与能力。道德评价是道德调节的主要形式,社会舆论、传统习俗和人们的内心信念是道德调节所赖以发挥作用的力量。道德的调节功能主要是不断调节社会整体和个人的关系,调节个人与个人的关系,使个人、社会与他人的关系逐步完善和谐。在社会生活中,道德主要和法律、纪律密切配合、共同发挥调节效用。法律是成文的道德,道德是内心的法律。

在道德的功能系统中,认识功能、规范功能、调节功能是最基本的功能,此外还有导向功能、激励功能等。

（二）道德的作用

道德的作用是指道德的认识、规范、调节、激励、导向、教育等功能的发挥和实现所产生的社会影响及实际效果。主要表现在:道德为经济基础的形成、巩固和发展服务,是一种重要的精神力量;道德对其他社会意识形态的存在有着重大的影响;道德通过调整人们之间的关系维护社会秩序和稳定;道德是提高人的精神境界、促进人的自我完善、推动人的全面发展的内在动力;在阶级社会中,道德是调节阶级矛盾和对立阶级之间开展阶级斗争的重要工具。

在道德作用问题上,要反对"道德万能论"和"道德无用论"。"道德万能论"片面夸大道德的作用,认为道德决定一切、高于一切、支配一切,只要道德水平高,一切社会问题都可以迎刃而解。这种观点的根本错误在于,颠倒了社会存在和社会意识、经济基础同上层建筑之间的决定与被决定的关系，否定了物质资料的生产方式在社会发展中的决定作用。"道德无用论"则根本否认道德的作用，或者通过强调非道德因素的作用来否定道德的积极作用，或者通过强调道德的消极因素来否定道德的积极作用。这种观点的根本错误在于，忽视了道德作为上层建筑的重要组成部分，一方面由经济基础所决定，另一方面对经济基础和生产力发展有一定的反作用。

道德发挥作用的性质与社会发展的不同历史阶段相联系，由道德所反映的经济基础、代表的阶级利益所决定。只有反映先进生产力发展要求和进步阶级利益的道德，才会对社会的发展和人的素质的提高产生积极的推动作用，否则，就不利于甚至阻碍社会的发展和人的素质的提高。

三、道德的变化发展

迄今为止，人类社会先后经历了五种基本社会形态，与此相适应，出现了原始社会的道德、奴隶社会的道德、封建社会的道德、资本主义社会的道德、社会主义社会的道德。在社会主义社会，有一部分先进分子，还身体力行共产主义道德。每一个社会都有与其经济基础相适应的占统治地位的道德；在同一社会形态中，不同的阶级或人群还会有不同的道德。

人类道德的发展是一个曲折上升的历史过程。人类道德发展的历史过程与社会生产方式的发展进程大体一致，这是道德发展的基本规律。虽然在一定时期可能有某种停滞或倒退现象，但道德发展的总趋势是向上的、前进的，是沿着曲折的道路向前发展的，或者叫作螺旋式上升、波浪式前进。

道德进步的主要表现是：道德在社会生活中所起的作用越来越重要，对于促进社会和谐与人的全面自由发展的作用越来越突出；道德调控的范围不断扩大，调控的手段或方式不断丰富，更加科学合理；道德的发展和进步也成为衡量社会文明程度的重要尺度。

社会主义和共产主义道德，是人类道德合乎规律发展的必然产物，是人类道德发展史上的一种崭新类型的道德，是对人类道德传统的批判与继承，并必然随着社会的进步和实践的发展而与时俱进。

第二节　吸收借鉴优秀道德成果

本节深入分析中华传统美德的基本精神、中华传统美德的创造性转化和创新性发展、中国革命道德的形成发展及主要内容、当代价值以及如何借鉴人类文明优秀道德成果等问题。不忘本来、吸收外来、面向未来，彰显道德的力量，为人类提供正确的精神指引和强大的精神动力。

中华传统美德是中华文化的精髓，蕴含着丰富的思想道德资源；中国革命道德是对中华传统美德的继承和发展，是中华民族极其宝贵的道德财富。大学生应当自觉继承并弘扬中华传统美德和中国革命道德，同时以开放的胸怀和视野吸收借鉴人类文明的有益道德成果，不断深化对社会主义道德的认识。

一、传承中华传统美德

传统似江河之水，又似生命之流。传统道德是历史上不同时代人们的行为方式、风俗习惯、价值观念和文化心理的集中体现，是对道德实践经验的提炼总结。中华传统美德是中华优秀文化的重要组成部分。

（一）中华传统美德的基本精神

中华传统美德内容丰富、博大精深，是人类文明发展的重要精神财富，是社会主义道德建设的源头活水。

重视整体利益，强调责任奉献。在中华传统道德的发展演化中，始终强调整体利益、国家利益和民族利益的重要性。传统道德中的义利之辨、理欲之辨，其核心和本质是公私之辨。"公义胜私欲"是中华传统美德的根本要求。正是从国家利益和整体利益的原则出发，中国古代思想家强调在"义"和"利"发生矛盾时，应当以义为上、先义后利、见利思义、见义勇为。

推崇"仁爱"原则，注重以和为贵。推崇仁爱、崇尚和谐是中华民族的优良传统和高尚品德。孔子强调"己欲立而立人，己欲达而达人"，孟子强调"亲亲而仁民，仁民而爱物"，荀子强调"仁者自爱"，墨子则提出"兼相爱，交相利"的思想。在人际相处上,主张与人为善、推己及人,建立和谐友爱的人际关系;在民族关系上,主张各民族互相交融、和衷共济,建设团结和睦的大家庭;在对外关系上,倡导亲仁善邻、协和万邦,与世界其他民族在平等相待、互相尊重的基础上发展友好合作关系。

提倡人伦价值,重视道德义务。中华传统美德一个重要的特点,就是它非常重视每个人在人伦关系中的地位及其价值,强调每个人都必须根据规范的要求,来尽自己应尽的义务。

追求精神境界,向往理想人格。中华传统美德主张在物质生活基本满足的情况下应追求崇高的精神境界,把道德理想的实现看作是人生诸种需要中最高层次的需要。"富贵不能淫,贫贱不能移,威武不能屈"的"大丈夫"人格,就是这种追求在人生价值观中的体现。

强调道德修养,注重道德践履。中国古代的思想家大都认为,在塑造理想人格的过程中,最重要的就是要奋发向上、切磋践履、修身养性。儒家的经典《礼记·大学》中明确提出,"修身"是齐家、治国、平天下的前提和基础,孔子提倡"修己""克己"和"慎独",提倡"见贤思齐焉,见不贤而内自省",曾子提出"吾日三省吾身",孟子更主张"善养吾浩然之气"。墨家也非常重视修身,强调"察色修身"和"以身戴行"。宋明道学家们在修养的"功夫"上更加用力,强调"自省""存养""克治""知耻""慎独"和躬行的重要。

在长期的历史发展中,中华传统美德已经深入到全民族的思维方式、价值观念、行为方式和风俗习惯之中,具有重要的当代价值。比如,关于道法自然、天人合一的思想,关于天下为公、大同世界的思想,关于自强不息、厚德载物的思想,关于经世致用、知行合一、躬行实践的思想,关于仁者爱人、以德立人的思想,关于清廉从政、勤勉奉公的思想,关于俭约自守、力戒奢华的思想等,这些传统美德蕴藏的中国智慧,既可以为我们今天的道德建设提供有益启发,为治国理政提供有益启示,也为解决当代人类面临的道德难题提供了重要启迪,为当代大学生的成长提供了宝贵精神营养。

(二)中华传统美德的创造性转化和创新性发展

中国传统道德是一个矛盾体,具有鲜明的两重性。属于精华的部分,表现出积极、革新、进步的一面;属于糟粕的部分,则表现出消极、保守、落后的一面。大学生要在去粗取精、去伪存真的基础上坚持古为今用、推陈出新,努力实现中华传统美德的创造性转化和创新性发展。

加强对中华传统美德的挖掘和阐发。弘扬中华传统美德,必须通过科学的分析和鉴别,把其中带有阶级和时代局限性的成分剔除出去,把其中具有当代价值的道德精神发掘出来,总结传统美德中丰富的思想道德资源,对中华传统美德的德目、观点进行新的诠释和激活,结合现代生活赋予其新的时代内涵,努力推动中华传统美德的创造性转化和创新性发展。

用中华传统美德滋养社会主义道德建设。要结合时代要求,按照是否有利于推动中国特色社会主义事业,是否有利于建设社会主义道德体系,是否有利于培育和践行社会主义核心价值观的标准,坚持古为今用、推陈出新的原则,为社会主义道德建设提供丰厚的道德资源,赋予社会主义道德和共产主义道德以鲜明的民族特色。要立足于面向大众、服务人民,发挥中华传统美德人伦日用的化育功能,使传统美德与日常生活水乳交融,让传统美德中蕴含的伦理精神点点滴滴地融入人们的生活,生根发酵,产生化育的功能。

在对待传统道德的问题上,要反对两种错误思潮。一种是复古论,认为道德建设的最终目标就是要恢复中国"固有文化",形成以中国传统文化为主体的道德体系。另一种是虚无论,认为中国传统道德从整体上来说在今天已经失去了价值和意义,必须从整体上予以全盘否定。这两种观点都是错误的,割断了道德的历史与发展的关系,都不利于社会的发展和道德的进步。我们要树立高度的文化自觉和文化自信,深入挖掘中华优秀传统文化蕴含的思想观念、人文精神、道德规范,结合时代要求继承创新,让中华文化展现出永久魅力和时代风采。

二、发扬中国革命道德

中国革命道德,是对中华传统美德的延续和发展。传承和发扬中国革命道德,是弘扬中华传统美德的应有之义,是加强社会主义道德建设的客观需要,也是激励大学生锤炼优良道德品质的必然要求。

(一) 中国革命道德的形成与发展

中国革命道德,是指中国共产党人、人民军队、一切先进分子和人民群众在中国革命、建设、改革中所形成的优秀道德,是马克思主义与中国革命、建设、改革的伟大实践相结合的产物,是中华民族极其宝贵的道德财富。中国革命道德萌芽于五四运动前后,发端于中国共产党成立以后蓬勃发展的伟大工人运动和农民运动,经过土地革命战争、抗日战争、解放战争以及社会主义革命、建设、改革的长期发展,逐渐形成并不断发扬光大。

中国共产党始终高度重视继承和发扬革命道德传统。早在革命战争年代,毛泽东就指出,是否发扬革命传统,是我国民主革命能否取得胜利的重要因素。改革开放以来,中国共产党始终强调继承和发扬革命道德的重要性,努力创建人类先进的精神文明。无论现在和将来,我们都要从革命的历史中汲取智慧和力量,把理想信念的火种、红色传统的基因一代代传下去,让革命事业薪火相传、血脉永续。

中国革命道德作为一种精神力量,从它形成的时候起,就对中国的革命、建设、改革事业发挥着极其重要的作用。在革命战争时期,中国共产党之所以能够在非常困难的情况下奋斗出来,能够战胜千难万险取得革命的胜利,能够保证革命事业的发展和壮大,就是因为有革命的理想和信念,有革命的精神。我国社会主义建设之所以取得举世瞩目的成绩,一个重要原因就是继承和弘扬了中国革命道德的传统。同样,中国共产党之所以能够带领全党和全国人民团结奋斗、渡过难关,也正是由于继承和弘扬了革命道德传统。历史经验表明,革命传统特别是革命道德传统,是克服前进道路上一切困难的重要精神支柱,是战胜千难万险的重要力量源泉。

弘扬中国革命道德,要同弘扬中华传统美德相结合。中华传统美德是中国革命道德的渊源之一,没有中华传统美德的长期发展和丰厚积淀,就不可能有中国革命道德的形成和发展。中国革命道德继承了中国传统道德的精华,摒弃了传统道德的糟粕,是中国优良传统道德的延续和发展,是超越了中华传统美德的时代局限而形成的一种崭新的道德。

（二）中国革命道德的主要内容

中国革命道德具有丰富而独特的内涵，既包括革命道德的原则、要求、态度、修养、风尚等方面，也包括革命理想、革命精神等方面，具有丰富的内容。

为实现社会主义和共产主义理想而奋斗。坚持社会主义、共产主义理想和信念的不屈不挠的精神，是革命道德的灵魂。无数革命先烈，正是为了实现这样一个崇高的理想，毫不犹豫地献出了自己的生命。

全心全意为人民服务。中国革命道德从一开始就特别强调要为群众服务、为大众谋幸福、为人民利益献身，并认为这是对一切革命人士和先进分子的要求。毛泽东曾经在纪念革命战士张思德时，明确把"为人民服务"作为对张思德及一切革命者崇高品质的概括，强调一切革命者都要想到大多数人民的利益，彻底地为人民的利益工作。可以说，全心全意为人民服务作为贯穿中国革命道德始终的一根红线，是中国共产党在中国革命实践中的一个伟大创造，对中国的革命、建设、改革事业，产生了极其重大的推动作用。

始终把革命利益放在首位。共产党人和革命者从事革命活动的目的就是要为革命利益而奋斗，在个人利益与革命利益发生矛盾时，要"以革命利益为第一生命，以个人利益服从革命利益"。中国革命道德在要求一切革命者和先进分子自觉地以个人利益服从革命利益的同时，也要求革命的集体和领导始终不渝地从各个方面照顾每个革命成员的个人利益，关心他们的事业成就和个人的全面发展。

树立社会新风，建立新型人际关系。树立社会新风，建立新型人际关系，体现了中国革命道德在社会生活层面上的重要意义。人们对中国革命道德的传扬，破除了等级观念和特权思想，破除了鄙视劳动和劳动人民的旧道德观念，树立了平等意识，保护了妇女、儿童和老人的合法权益，引导建立新型家庭关系和培育良好家风，对于提升人民群众的文明水准和道德风貌，树立社会新风尚，发挥了重要的作用。

修身自律，保持节操。中国革命道德还体现在共产党人对自身道德修养的重视方面，把加强个人道德修养看成是能够影响革命成败的大事，因而践履中国革命道德的重要环节就是共产党人修身自律、保持节操。

(三) 中国革命道德的当代价值

中国革命道德内容丰富、历久弥新。红船精神、井冈山精神、苏区精神、长征精神、延安精神、西柏坡精神等红色精神中蕴含的革命道德,都是中国共产党领导全体人民实现民族独立、人民解放的精神支撑和思想武器,对于我们走好新时代的长征路,实现中华民族伟大复兴仍然具有极其重要的现实意义。

有利于加强和巩固社会主义和共产主义的理想信念。弘扬中国革命道德,有利于树立和培养人民群众的社会主义和共产主义的理想信念,有利于坚持和发展中国特色社会主义道路。

有利于培育和践行社会主义核心价值观。中国革命道德,是先进价值观在道德领域的集中体现,蕴含着培育和践行社会主义核心价值观的丰富思想道德资源。不忘本来才能开辟未来,善于继承才能更好创新。

有利于引导人们树立正确的道德观。发扬光大革命道德,能够引导人们正确对待个人利益和社会利益、国家利益,帮助人们在深刻把握历史、认识社会、审视人生的基础上,积极投入到决胜全面建成小康社会、夺取新时代中国特色社会主义伟大胜利的新征程。

有利于培育良好的社会道德风尚。我国道德领域的主流积极、健康、向上,但仍然存在着诸如金钱至上、诚信缺失、奢侈浪费、贪污腐败这样一些不容忽视的问题,严重损害了群众利益,腐蚀了人们灵魂,污染了社会风气。解决道德领域出现的突出问题,要充分发挥革命道德的精神力量,培育良好的社会道德风尚,净化社会人际关系,抵制各种腐朽思想,树立浩然正气,凝聚崇德向善的正能量。

大学生发扬革命道德、传承红色基因,就要深入了解中国社会和中国革命的历史,了解中国共产党人带领广大人民群众进行革命斗争的艰苦实践,真正体会中国革命道德的本质内涵、历史意义和当代价值,自觉同各种歪曲历史、诋毁英雄的历史虚无主义思潮作斗争,努力在坚持和发展中国特色社会主义伟大进程中创造无愧于时代、无愧于人民、无愧于先辈的业绩。

三、借鉴人类文明优秀道德成果

文明因交流而多彩,文明因互鉴而丰富。人类文化和文明发展进步的过程表明,一种文化能够通过与其他文化交流碰撞和冲突融合而保持其生命力,是实现自我更新和自我发展的重要条件。

从古至今,历代思想家都十分重视伦理道德问题,对道德品质、道德评价、道德教育和道德修养等进行了有益的探讨,其中不乏超越时代、国家、民族乃至阶级界限的真知灼见,为人类道德进步提供了丰富资源。

借鉴和吸收人类文明优秀道德成果,必须秉承正确的态度和科学的方法。要坚持马克思主义立场、观点、方法,在道德问题上把握好共性和个性、抽象和具体、一般和个别的关系。不同的道德文明体现了各自的生活方式、人生态度、价值信仰和行为方式,但不同民族或国家之间仍然会形成一些具有共性的道德认识。

要坚持以我为主、为我所用,批判继承其他国家的道德成果。在吸取人类优秀道德文明成果的问题上,既要大胆吸收和借鉴人类道德文明的积极成果,又必须掌握好鉴别取舍的标准,善于在吸收中消化,把人类文明优秀道德成果变成自己道德文明体系的组成部分。

第三节　遵守公民道德准则

本节逐次阐述了"为人民服务"这一社会主义道德的核心和"集体主义"这一社会主义道德的原则,并对社会公德、职业道德、家庭美德、个人品德的规范要求等作出精当的解析。

人民有信仰,国家有力量,民族有希望。加强思想道德建设,对于提高人民思想觉悟、道德水准、文明素养,提高全社会文明程度,具有至关重要的作用。弘扬社会主义道德,必须坚持以为人民服务为核心、以集体主义为原则,大力推进社会公德、职业道德、家庭美德、个人品德建设。

一、社会主义道德的核心和原则

社会主义道德建设是社会主义文化建设的重要内容。了解社会主义道德的核心和原则,对于大学生践行社会主义道德、锤炼道德品质具有重要意义。

(一)为人民服务是社会主义道德的核心

为什么人服务是道德的核心问题,决定并体现着道德建设的根本性质和发展方向,规定并制约着道德领域中的所有道德现象。为人民服务是中国共产党人把马克思主义基本原理与中国革命、建设、改革的具体实践相结合的伟大创造。为人民服务,不仅是坚持历史唯物主义的必然要求,是中国共产党践行的根本宗旨,也是社会主义道德观的集中体现,是全体中国人民共同遵循的道德要求。

为人民服务是社会主义经济基础和人际关系的客观要求。在我国,以公有制为主体和以按劳分配为主体,是为人民服务的根本制度保证,在此基础上逐步形成的团结互助、平等友爱、共同进步的人际关系,是为人民服务的基础。

为人民服务是社会主义市场经济健康发展的要求。社会主义市场经济本质上要求为人民服务,应正确处理个人与社会、竞争与协作、效率与公平、先富与共富、经济效益与社会效益等关系,形成健康有序的经济和社会生活规范;每个市场主体也应有为人民服务的思想,自觉积极地为人民服务、为社会服务,更好地使市场主体把自身的特殊利益同国家和人民的共同利益结合起来。

为人民服务是先进性要求和广泛性要求的统一。为人民服务,可以通过不同层次、不同形式表现出来。在今天,毫不利己、专门利人、无私奉献是为人民服务,顾全大局、先公后私、爱岗敬业、办事公道是为人民服务,同志间、师生间、同学间互相关心、互相爱护、互相帮助是为人民服务,热心公益、助人为乐、见义勇为、扶贫帮困、扶残助残也是为人民服务,遵纪守法、诚实劳动并获取正当的个人利益同样也是为人民服务。那种认为为人民服务只适于党员干部而不能推广到全体人民的看法是一种误解。只要一个人对社会、对他人尽了心、尽了力、尽了职,他的言行就具有道德价值。

为人民服务作为社会主义道德的核心,是社会主义道德区别和优越于其他社会形态道德的显著标志。

(二)集体主义是社会主义道德的原则

集体主义是社会主义道德的原则。在我国,国家利益、社会整体利益和个人利益根本上的一致性,使得集体主义应当而且能够在全社会范围内贯彻实施。长期以来,集体主义已经成为调节国家利益、社会整体利益和个人利益关系的基本原则。

集体主义强调国家利益、社会整体利益和个人利益的辩证统一。集体和个人是不能分割的,是相互作用、相互依赖、互为前提的辩证统一关系。在社会主义社会中,国家利益、社会整体利益和个人利益也是不能分割的。国家利益、社会整体利益体现着个人根本的、长远的利益,是所有社会成员共同利益的统一。同时,每个人的正当利益,又都是国家利益、社会整体利益不可分割的组成部分。在现实生活中,国家利益、社会整体利益和个人利益是相辅相成的,要力求做到共同发展、相互增益、相得益彰。

集体主义强调国家利益、社会整体利益高于个人利益。在实际生活中,个人利益和国家利益、社会整体利益难免会发生矛盾。集体主义强调,在个人利益与国家利益、社会整体利益发生矛盾冲突,尤其是发生激烈冲突的时候,必须坚持国家利益、社会整体利益高于个人利益的原则,即个人应当以大局为重,使个人利益服从国家利益、社会整体利益,在必要时作出牺牲。集体主义要求个人为国家、社会作出牺牲并不是任意的,只有在不牺牲个人利益就不能保全国家利益、社会整体利益的情况下,才要求个人为国家利益、社会整体利益作出牺牲。社会主义集体主义之所以强调个人利益要服从国家利益、社会整体利益,归根到底,既是为了维护国家、社会的共同利益,最终也是为了维护个人的根本利益和长远利益。

集体主义重视和保障个人的正当利益。集体主义促进和保障个人正当利益的实现,使个人的才能、价值得到充分的发挥。这正是集体主义思想的应有之义。只有在国家、社会中个人才能获得全面发展，才可能有个人自由。那种把集体主义看作是对个人的压制、是对个性的束缚的思想，是与集体主义的本意相违背的。事实上，正是集体主义为培养个人的健全人格、鲜明个性和创新精神提供了道义保障。对于集体主义来说，只有个人的价值、尊严得到实现，个人的正当利益得到保证，集体才能有更强大的生命力和凝聚力。社会主义集体主义所重视和保障的是个人的正当利益，而不是任何性质的个人利益，对于损人利己、损公肥私的行为，集体主义不但不保护，而且强烈反对和禁止。

在社会主义市场经济条件下，集体主义仍然而且应当成为社会主义道德的基本原则。发展社会主义市场经济，之所以需要集体主义，是因为其有助于克服市场自身的弱点和消极方面，有助于形成追求高尚、激励先进的良好社会风气，保证社会主义市场经济的有序健康发展。根据我国现阶段经济社会生活和人们思想道德的实际，可将集体主义分为三个层次的道德要求：一是无私奉献、一心为公，这是集体主义的最高层次，是共产党员、先进分子应努力达到的道德目标。二是先公后私、先人后己，这是已经具有较高社会主义道德觉悟的人能够达到的要求。三是顾全大局、遵纪守法、热爱祖国、诚实劳动，这是对公民最基本的道德要求。

当代大学生应正确认识和处理国家、集体、个人的利益关系，自觉坚持个人利益服从集体利益、局部利益服从整体利益、当前利益服从长远利益，反对小团体主义、本位主义和极端个人主义。

二、社会公德

社会公德作为社会公共生活中应当遵守的行为准则，在维护公共秩序方面具有重要的作用。大学生应当自觉培养公德意识，养成遵守社会公德的良好行为习惯。

（一）公共生活与公共秩序

公共生活是相对于私人生活而言的。在公共生活中，一个人的行为必定与他人发生直接或间接的联系，具有鲜明的开放性和透明性，对社会的影响更为直接和广泛。

公共生活具有以下特征：一是活动范围的广泛性。公共生活的场所和领域不断扩展、空间不断扩大，特别是网络使公共生活进一步扩展到虚拟世界。二是活动内容的开放性。公共生活是由社会成员共同参与、共同创造的公共空间，它涉及的活动内容是开放的。三是交往对象的复杂性。人们在公共生活中的交往对象不再局限于熟识的人，而是进入公共场所的任何人，这就增加了人际交往信息的不对称性和行为后果的不可预期性。四是活动方式的多样性。当代社会的发展使人们的生活方式发生了新的变化，人们可以根据自身的需要及年龄、兴趣、职业、经济条件等因素，选择和变换参与公共生活的具体方式。

公共生活需要公共秩序。秩序是由社会生活中的规范来制约和保障的，公共秩序是由一定规范维系的人们公共生活的一种有序化状态，如工作秩序、教学秩序、交通秩序、娱乐秩序、网络秩序等。公共生活领域越扩大，对公共秩序的要求就越高。有序的公共生活是社会生产活动的重要基础，是提高社会成员生活质量的基本保障，更是社会文明的重要标志。

（二）公共生活中的道德规范

公共生活中的道德规范，即社会公德，是指人们在社会交往和公共生活中应该遵守的行为准则，是维护公共利益、公共秩序、社会和谐稳定的起码的道德要求，涵盖了人与人、人与社会、人与自然之间的关系。

文明礼貌。文明礼貌是调整和规范人际关系的行为准则，与我们每个人的日常生活密切相关。大学生应当自觉讲文明、懂礼貌、守礼仪，塑造真诚待人、礼让宽容的良好形象。

助人为乐。大学生应当尽自己的努力帮助他人，积极参与公益事业，以力所能及的方式关心和关爱他人，并在对他人的关心和帮助中收获实现人生价值的快乐。

爱护公物。对社会共同劳动成果的珍惜和爱护，是每个公民应该承担的社会责任和义务，它既显示出个人的道德修养水平，也是社会文明水平的重要标志。大学生要珍惜国家、集体财产，爱护公物，特别要保护社会公用设施,坚决同损害公共财产、破坏公物的行为作斗争。

保护环境。人类发展活动必须尊重自然、顺应自然、保护自然,否则就会遭到大自然的报复。大学生要身体力行,倡导简约适度、绿色低碳的生活方式,为建设美丽中国作出自己应有的贡献。

遵纪守法。遵纪守法是全体公民都必须遵循的基本行为准则,是维护公共生活秩序的重要条件。在社会生活中,每个社会成员既要遵守国家颁布的有关法律、法规,也要遵守特定公共场所和单位的有关纪律规定。全面依法治国需要每个人都遵纪守法,树立规则意识。大学生应当熟知校纪校规,牢固树立法治观念,以遵纪守法为荣,以违法乱纪为耻,自觉遵守有关的纪律和法律。

(三) 网络生活中的道德要求

互联网是一个社会信息大平台。从本质上说,网络交往仍然是人与人的现实交往,网络生活也是人的真实生活。网络生活中的道德要求,是人们在网络生活中为了维护正常的网络公共秩序需要共同遵守的基本道德准则,是社会公德在网络空间的运用和扩展。大学生应当遵守网络生活中的道德要求,成为营造清朗网络空间的正能量。

正确使用网络工具。当下人们对网络越来越依赖,大部分人特别是年轻人主要依靠网络获取信息。与此同时,网上也充斥着越来越多的虚假、低俗甚至反动、淫秽和暴力等信息内容,特别是一些有组织的网上恶意攻击和思想渗透行为,更是严重地影响了网络生活秩序。大学生应当正确使用网络,加强信息的辨识能力,增进信息的应用能力,使网络成为开阔视野、提高能力的重要工具。

健康进行网络交往。网络已成为人际交往的重要媒介和工具。QQ、微信、微博、网络直播等各种应用为人们提供了邮件收发、实时聊天、网上交友等途径。大学生应通过网络开展健康有益的人际交往,树立自我保护意识,不要轻易相信网友,避免受骗上当,避免给自己的人身和财产安全带来危害。同时,网络虽然拉近了自己与陌生人的距离,却有可能使自己疏远家人、同学、朋友等身边的人,这也在一定程度上会弱化现实的人际交往能力,因此不能以网络交往代替现实交往。

自觉避免沉迷网络。大学生通过网络接触到前所未有的广阔空间,但是现实中也存在着一些青少年上网成瘾,沉迷于网络尤其是网络游戏不能自拔,导致耽误学业甚至放弃学业的现象。一个人的时间和精力都是有限的,在网上消耗的时间多,在其他方面投入的时间就少。大学生应当合理安排上网时间,约束上网行为,避免沉迷网络。

加强网络道德自律。网络空间同现实社会一样,既要提倡自由,也要保持秩序。网络的虚拟性以及行为主体的隐匿性,不利于发挥社会舆论的监督作用,使道德规范所具有的外在约束力明显降低。大学生应当在网络生活中培养自律精神,在缺少外在监督的网络空间里,做到自律而"不逾矩",促进网络生活的健康与和谐。

积极引导网络舆论。纷繁复杂的网络言论如果得不到正确引导,势必会引发各种社会问题。社会需要正能量的舆论来鼓舞温暖人心,网络舆论的引导更需要激浊扬清,弘扬正气。作为新时代的大学生,应当带头引导网络舆论,对模糊认识要及时廓清,对怨气怨言要及时化解,对错误看法要及时引导和纠正,积极营造清朗网络空间。

三、职业道德

职业生活中的道德规范,不仅对各行各业的从业者具有引导和约束作用,而且也是促进社会持续健康、有序发展的必要条件。

(一)职业生活与劳动观念

职业是指人们由于社会分工所从事的具有专门业务和特定职责,并以此作为主要生活来源的社会活动。职业生活则是人们参与社会分工,用专业的技能和知识创造物质财富或精神财富,获取合理报酬,丰富社会物质生活或精神生活的生活方式。

人类是劳动创造的,社会是劳动创造的。在职业生活中,必须牢固树立"劳动最光荣、劳动最崇高、劳动最伟大、劳动最美丽"的观念,通过劳动创造更加美好的生活。

（二）职业生活中的道德规范

职业生活中的道德规范即职业道德，是指从事一定职业的人在职业生活中应当遵循的具有职业特征的道德要求和行为准则，涵盖了从业人员与服务对象、职业与职工、职业与职业之间的关系。爱岗敬业、诚实守信、办事公道、服务群众和奉献社会是职业生活中的基本道德规范。

爱岗敬业。爱岗敬业反映的是从业人员对待自己职业的一种态度，也是一种内在的道德需要。它体现的是从业者热爱自己的工作岗位、对工作极端负责、敬重自己所从事职业的道德操守，是从业者对工作勤奋努力、恪尽职守的行为表现。爱岗敬业就是要干一行爱一行，爱一行钻一行，精益求精，尽职尽责。

诚实守信。诚实就是真实无欺，既不自欺，也不欺人；守信就是重诺言，讲信誉，守信用。就个人而言，诚实守信是高尚的人格力量；就社会而言，诚实守信是正常秩序的基本保证；就国家而言，诚实守信是良好的国际形象。在职业道德中，诚实守信是对从业者的道德要求。它不仅是从业者步入职业殿堂的通行证，体现着从业者的道德操守和人格力量，也是在行业中扎根立足的基础。职业道德中的诚实守信，要求从业者在职业活动中诚实劳动、合法经营、信守承诺、讲求信誉。

办事公道。办事公道，就是要求从业人员做到公平、公正，不损公肥私，不以权谋私，不假公济私。在社会主义制度下，从业者之间以及从业者与服务对象之间都是平等的。他们的职业差别只是所从事的工作不同，而不是个人地位高低贵贱的象征。

服务群众。为人民服务是社会主义道德的核心，各行各业的从业人员都要以服务群众为目标。如果每一个从业人员都能自觉遵循服务群众的要求，社会就会形成人人都是服务者、人人又都是服务对象的良好秩序与和谐状态。

奉献社会。奉献社会就是要求从业人员在自己的工作岗位上兢兢业业地为社会和他人作贡献。这是社会主义职业道德中最高层次的要求，体现了社会主义职业道德的最高目标指向。爱岗敬业、诚实守信、办事公道、服务群众，都体现了奉献社会的精神。

（三）树立正确的择业观和创业观

就业是最大的民生。就业牵涉大学生自身和千家万户的利益，也影响国家和社会的发展。树立正确的择业观和创业观，对于大学生顺利走进职业生活具有重要的现实意义。

树立崇高的职业理想。职业活动不仅是人们谋生的手段，也是人们奉献社会、完善自身的必要条件。青年马克思在谈到选择职业理想时曾经写道："如果我们选择了最能为人类而工作的职业，那么，重担就不能把我们压倒，因为这是为大家作出的牺牲；那时我们所享受的就不是可怜的、有限的、自私的乐趣，我们的幸福将属于千百万人，我们的事业将悄然无声地存在下去，但是它会永远发挥作用，而面对我们的骨灰，高尚的人们将洒下热泪。"马克思这种崇高的职业理想，值得大学生择业和创业时去学习和追求。

服从社会发展的需要。择业和创业固然要考虑个人的兴趣和意愿，同时也要充分考虑现实的可能性和社会的需要，把自己对职业的期望与社会的需要、现实的可能结合起来。大学生应该积极响应国家号召，适应社会发展需求，面向基层、面向国家建设第一线去选择自己未来的职业，为经济社会发展贡献智慧和力量。

做好充分的择业准备。大学生有了真才实学，才能在未来适应多种岗位。要有真才实学就要勤于学习，学文化、学科学、学技能、学各方面知识，不断提高综合素质，练就过硬本领；既要向书本学习，也要向群众学习、向实践学习。

培养创业的勇气和能力。创业是通过发挥自己的主动性和创造性，开辟新的工作岗位、拓展职业活动范围、创造新业绩的实践过程。大学生不仅要树立正确的择业观，还应当树立正确的创业观。要有积极创业的思想准备，积极关注经济社会发展的趋势，了解国家鼓励大学生自主创业的有关政策，为今后自主创业打下良好的基础。要有敢于创业的勇气，要充分考虑自身的条件，努力提高自主创业的能力。

（四）自觉遵守职业道德

职业生活是否顺利、是否成功，既取决于个人的专业知识和技能，更取决于个人的职业道德素质。人们在职业活动中的道德状况如何,直接关系着各行各业乃至整个社会的道德状况。大学生要深刻认识提高职业道德素质的重要性,注重这方面的修养和锻炼。

学习职业道德规范。通过学习职业道德规范,明确职业活动的基本规范和目的,从而提高自己的职业认知能力、判断能力和树立正确的价值理念。

提高职业道德意识。大学生要提高自己的职业道德素质,应当将其内化为自身的素质,提高到自觉意识的层面。

提高践行职业道德的能力。大学生应当积极利用各种机会开展社会实践,多参与社会志愿服务活动,使自己学到的知识在服务社会的过程中得到运用和升华。

四、家庭美德

从恋爱到缔结婚姻和建立家庭,是人生需要经历的阶段。注重家庭、注重家教、注重家风,遵守恋爱、婚姻家庭生活中的道德规范,树立正确的恋爱观和婚姻观,处理好复杂的感情和人际关系,有利于大学生的健康成长、顺利成才。

(一)注重家庭、家教、家风

家庭是社会的基本细胞,是人生的第一所学校。不论时代发生多大变化,生活格局发生多大变化,都要重视家庭建设,注重家庭、家教、家风。

注重家庭,家庭和睦则社会安定,家庭幸福则社会祥和,家庭文明则社会文明。千家万户好,国家才能好,民族才能好。国家富强,民族复兴,人民幸福,不是抽象的,最终要体现在千千万万个家庭的幸福美满之上,体现在亿万人民生活的不断改善之上。同时,我们还要认识到,国家好,民族好,家庭才能好。

注重家教,家庭是人生的第一个课堂,父母是孩子的第一任老师。家庭环境对下一代的影响很大,往往可以影响一个人的一生。注重家教,应该把美好的道德观念从小就传递给孩子,引导他们有做人的气节和骨气,帮助他们形成美好心灵,促使他们健康成长。

注重家风。家风是指一个家庭或家族的传统风尚或作风。良好的家风,对家庭成员的个人修养产生着重要的作用,也对整个社会道德风尚的形成产生着重要的影响。家风好,就能家道兴盛、和顺美满;家风差,难免殃及子孙、贻害社会,正所谓"积善之家,必有余庆;积不善之家,必有余殃"。大学生要继承和弘扬优良家风,促进家庭和谐。

当代大学生应该积极参与家庭文明建设,推动形成爱国爱家、相亲相爱、向上向善、共建共享的社会主义家庭文明新风尚。

(二)恋爱、婚姻家庭中的道德规范

爱情是一对男女基于一定的社会基础和共同的生活理想,在各自内心形成的相互倾慕并渴望对方成为自己终身伴侣的一种强烈、纯真、专一的感情。恋爱作为一种人际交往,也必然要受到道德的约束。恋爱是建立幸福婚姻家庭的前奏,恪守恋爱中的道德规范关系到未来婚姻家庭生活的幸福。

恋爱中的道德规范主要有以下几点:一是尊重人格平等。恋爱的双方在人格上都是独立的,在相互关系上是平等的,都有给予爱、接受爱和拒绝爱的自由。二是自觉承担责任。自愿地为对方承担责任,是爱情本质的体现。三是文明相亲相爱。文明的恋爱往往是恋爱双方既相互爱慕、亲近,又举止得体、相互尊重。恋人在公共场所要遵守社会公德,不要对他人造成不良影响。

婚姻是指由法律所确认的男女两性的结合以及由此而产生的夫妻关系。家庭是指在婚姻关系、血缘关系或收养关系基础上产生的亲属之间所构成的社会生活单位。婚姻是家庭产生的重要前提,家庭又是缔结婚姻的必然结果。

家庭美德在维系和谐美满的婚姻家庭关系中具有重要而独特的功能。其一,尊老爱幼。子女要孝敬、赡养父母及长辈,父母要抚育、爱护子女,这不仅是每个公民必须遵守的道德准则,也是应尽的社会责任和法律义务。其二,男女平等。家庭生活中的男女平等既表现为夫妻权利和义务上的平等、人格地位上的平等,又表现为平等地对待自己的子女。坚持男女平等,特别要尊重和保护妇女的合法权益。其三，夫妻和睦。夫妻关系是家庭关系的核心。夫妻和睦是在男女平等基础上的互敬互爱、互助互让。其四，勤俭持家。勤俭是家庭兴旺的保证，也是社会富足的保证。勤俭持家既要勤劳致富，也要量入为出。其五，邻里团结。邻里团结重要的是相互尊重，尊重对方的人格、民族习惯、生活方式、兴趣爱好等，做到互谅互让，互帮互助，宽以待人，团结友爱。

（三）树立正确的恋爱观与婚姻观

大学时代是人生美好的时光。如果在大学时代与爱情相逢，那就要用心呵护，倍加珍惜，处理好恋爱中的各种关系。

不能误把友谊当爱情。异性之间要理智地把握好友谊与爱情的界限，异性之间完全可以建立和保持健康的友谊。

不能错置爱情的地位。有些同学奉行爱情至上主义，沉湎于感情缠绵之中。这样的恋爱观，很容易导致对人生目标的误解，对需要将主要精力用于学习上的大学生来说危害尤大。

不能片面或功利化地对待恋爱。只看重对方的经济条件，或者仅仅把恋爱看成是摆脱孤独寂寞的方式，都无法产生真挚的感情，也得不到真正的爱情。

不能只重过程不顾后果。责任是爱情得以长久的重要保障，是坚贞爱情的试金石。自愿担当的责任，丰富了爱情的内涵，提升了爱情的境界。

不能因失恋而迷失人生方向。恋爱成功与失败都是正常现象。大学生应该正确对待失恋，做到失恋不失志，失恋不失德，不影响学业和生活，不丧失对爱的憧憬和追求。

树立正确的恋爱观，大学生还要处理好这样几种关系：一是恋爱与学习的关系。学习是大学生的主要任务。二是恋爱与关心集体的关系。如果只在乎恋爱，就会脱离集体，疏远同学，会妨碍自身的全面发展与进步。三是恋爱与关爱他人和社会的关系。爱的情感丰富博大，不仅有恋人之爱，还有对父母之爱、对兄弟姐妹之爱、对社会和国家之爱。只专注于对恋人的爱而忽视对他人和社会的爱,这样的爱情就会显得自私和庸俗。

五、个人品德

个人品德在社会道德建设中具有基础性作用。在现实生活中,社会公德、职业道德和家庭美德的状况,最终都是以每个社会成员的道德品质为基础的,都要落实到个人品德的养成上。

(一)个人品德及其作用

个人品德是通过社会道德教育和个人自觉的道德修养所形成的稳定的心理状态和行为习惯。它是个体对某种道德要求认同和践履的结果,集中体现了道德认知、道德情感、道德意志、道德信念和道德行为的内在统一。

个人品德对道德和法律作用的发挥具有重要的推动作用。社会道德和法律要求只有内化为个人品德,才能成为现实的规范力量。同时,个人品德提升的过程也是能动地作用于社会道德和法律的过程,它能够为社会道德和法律的发展进步创造条件、提供动力。

个人品德是个体人格完善的重要标志。在个人的素质结构中,个人品德是一个非常重要的组成部分,才智等其他素质的完善和成就,也离不开品德力量的支持。

个人品德是经济社会发展进程中重要的主体精神力量。个人品德的提升,不但直接成为社会道德水平的有机组成部分,而且还可以通过自身的影响和带动,为社会道德更大程度的发展进步开辟道路、提供动力。

(二)掌握道德修养的正确方法

个人品德需要不断地通过道德修养加以提升。道德修养作为人类道德实践活动的重要形式之一,是指个体自觉地将一定社会的道德规范、准则及要求内化为内在的道德品质,以促进人格的自我陶冶、自我培育和自我完善的实践过程。

学思并重。学思并重的方法,即通过虚心学习,积极思索,辨别善恶,学善戒恶,以涵养良好的德性。孔子说"学而不思则罔,思而不学则殆",要把善于学习和善于思考有机地统一起来。只有坚持既不断学习又深入思考的修养方式,才能对人为什么要讲道德、讲什么样的道德和怎样讲道德形成全面而深刻的认识,产生道德智慧,过有意义的生活。

省察克治。省察克治的方法,即通过反省检验以发现和找出自己思想与行为中的不良倾向,并及时对它们进行抑制和克服。曾子说:"吾日三省吾身,为人谋而不忠乎?与朋友交而不信乎?传不习乎?"善于反省自己的言行,并对错误加以克治,才能使自己的德性不断完善。

慎独自律。慎独自律的方法,即在无人知晓、没有外在监督的情况下,坚守自己的道德信念,自觉按道德要求行事,不因无人监督而恣意妄为。慎独就是一种关于个人善于独处、乐于隐处、慎于微处,于独处、隐处、微处自觉坚守道德情操的修炼功夫。自律是"慎独"达致的一种自觉自为的修养境界。"自"即自主、自觉,"律"为衡量、约束;自律即是一种自我认识、自我约束、自觉控制的个人修养方法。

知行合一。知行合一的方法,即把提高道德认识与躬行道德实践统一起来,以促进道德要求内化为个人的道德品质,外化为实际的道德行为。在言与行的关系上,孔子明确主张"听其言而观其行"。可见,道德修养并不是脱离实际的闭门思索,而是人们联系社会实践在道德上的自我反省和自我升华。

积善成德。积善成德的方法,即通过积累善行或美德,使之巩固强化,以逐渐凝结成优良的品德。我们应该注重平时的坚持和孜孜不倦的努力,"勿以恶小而为之,勿以善小而不为",在个人品德修养方面坚持、坚持、再坚持,就一定能够不断提高自己的精神境界和道德素质。

(三)锤炼高尚道德品格

大学生锤炼高尚道德品格,就要在知情意信行等方面加强道德修养,提高道德实践能力,自觉讲道德尊道德守道德,自觉明大德守公德严私德。

形成正确的道德认知和道德判断。面对世界的深刻复杂变化,大学生应注重增强道德判断能力,学会理性地辨析、讲求道德,形成正确的道德认知和道德观念。形成正确的道德认知和道德判断,最根本的就是要坚持以唯物史观的基本原理来看待道德。

激发正向的道德认同和道德情感。大学生在道德修养中激发正向的情感认同,总体而言就是要亲近真善美,抵制假恶丑,体验道德的愉悦,追求高尚的快乐。

强化坚定的道德意志和道德信念。道德修养重在践行,在道德认知向道德行为转化的过程中,道德意志和道德信念是关键环节。通过道德意志和信念的坚守,道德行为才能体现出恒久性。大学生需要磨炼道德意志,坚定道德信念,学会克服学习、生活、交往、成长中的各种困难和挫折,要有为国家民族奋斗、为人类事业献身的情怀和担当,不懈追求共产主义的崇高道德信念和高尚道德境界。

第四节 向上向善、知行合一

本节以大学生良好道德素质的养成为归宿,强调一个人只有明大德、守公德、严私德,其才方能用得其所。高尚道德品格的形成重在实践,贵在坚持。大学生投身崇德向善的道德实践,就要向道德模范学习,培养志愿服务精神,大力弘扬时代新风,强化社会责任意识、规则意识、奉献意识。

一、向道德模范学习

道德模范主要是指思想和行为能够激励人们不断向善且为人们所崇敬、模仿的先进人物。道德模范既包括在一定社会道德实践中涌现的符合特定道德理想类型的人物,又包括人们日常生活中能够近距离感受的具有积极道德影响的人物。

改革开放以来,各个地区、各行各业、各类人群都涌现出一大批具有先进事迹和高尚品格的道德模范。榜样的力量是无穷的。道德模范用自己的行动诠释着道德的内涵,展示着道德的力量。

大学生学习道德模范,就是要学习道德模范助人为乐、关爱他人的高尚情怀,在关心他人、帮助他人的过程中创造人生价值;学习他们见义勇为、勇于担当的无畏精神,在危难和考验关头挺身而出;学习他们以诚待人、守信践诺的崇高品格,老老实实做人、踏踏实实做事;学习他们敬业奉献、勤勉做事的职业操守,干一行爱一行、钻一行精一行;学习他们孝老爱亲、血脉相依的至美真情,常怀感恩之心、敬爱之情。大学生要时时处处以道德模范为榜样,多做好事,多办实事,在公共场所、邻里相处、行路驾车、外出旅游等不同的场合做到崇德守礼、遵规守法,养成良好的道德习惯。

优良的品质、高尚的人格并非一蹴而就,而是逐渐积累的结果。道德模范都是从自我做起,从身边事做起,从小事做起,以此实现了由现实自我向理想自我的飞跃。

二、参与志愿服务活动

志愿服务是指志愿贡献个人的时间及精力,在不求任何物质报酬的情况下,为改善社会、促进社会进步而提供的服务。志愿服务是培育和弘扬社会主义核心价值观的重要载体。

志愿服务的精神是奉献、友爱、互助、进步。其中,奉献精神是精髓。参与志愿服务活动,一方面,帮助了他人、服务了社会,推动了社会道德水平的提高;另一方面,也把为社会和他人的服务看作是自己应尽的义务和光荣的职责,从服务社会和帮助他人中获得成就感和幸福感。志愿精神与雷锋精神在本质上是高度统一的,都是社会主义核心价值观的生动体现。

志愿服务已经成为大学生参与社会实践、成长成才的重要舞台,成为大学生关爱他人、传播青春正能量的重要途径。大学生积极投身志愿服务活动,一是到最需要的地方去。在国际国内大型活动中提供优质高效的服务,在救灾一线不畏艰险、奋力救援,在贫穷落后地区帮扶、支教,带头把志愿服务活动做进基层、做进社区、做进家庭,这都是大学生关爱社会、奉献爱心的重要表现。二是帮助弱势群体。大学生应在志愿服务活动中多关注空巢老人、留守儿童、困难职工、农民工及其子女、残疾人等社会弱势群体,注重向他们送温暖、献爱心。三是做力所能及的事。大学生投身志愿服务活动,应注重结合自身的能力、专业、特长在实践中长知识、强本领、增才干,特别要积极参与教育、科技、文化、卫生等帮扶行动,多参与城乡清洁、绿色出行、低碳环保、美化家园等活动。

三、引领社会风尚

良好的社会风尚是人们在社会道德实践中逐渐形成起来的。大学生投身崇德向善的道德实践,要弘扬真善美、贬斥假恶丑,做社会主义道德的示范者和引领者,促成知荣辱、讲正气、作奉献、促和谐的社会风尚。

知荣辱。荣辱观对个人的思想行为具有鲜明的动力、导向和调节作用。大学生应以正确的荣辱观为指导,坚定正确的行为导向,产生正确的价值激励,助推全社会形成知荣明辱的良好道德风尚。

讲正气。讲正气,就是坚持真理、坚持原则,坚持同一切歪风邪气作斗争。大学生须有一腔浩然正气,才能无所畏惧地前进,才能不屈不挠地为国家、为社会建功立业。

作奉献。奉献精神是社会责任感的集中表现。社会需要人们对其负起责任。有责任,就意味着要奉献。奉献精神传递社会温暖,促进社会健康有序地发展。选择奉献也就选择了高尚。"德厚者流光",大学生要在奉献社会中积极发光发热,使我们的社会更加美好和幸福。

促和谐。民主法治、公平正义、诚信友爱、充满活力、安定有序、人与自然和谐相处的社会,是国家富强、民族复兴、人民幸福的重要保证。对于大学生来说,要促进自我身心的和谐、个人与他人的和谐、个人与社会的和谐、人与自然的和谐等。

社会文明状况是社会风尚的重要体现。各种创建文明城市、文明村镇、文明单位、文明家庭、文明校园的活动,就是要在全社会推动形成知荣辱、讲正气、作奉献、促和谐的社会风尚。大学生要以高度的主人翁精神,积极参与各种精神文明创建活动,为家庭谋幸福、为他人送温暖、为社会作贡献,不断引领社会风尚,提升道德品质。

习题训练

（一）单项选择题

1. （　　）是道德起源的首要前提。
   A. 劳动　　　　　　　　　B. 社会关系
   C. 人的自我意识　　　　　D. 人的感情欲望

2. （　　）是道德产生的主观条件。
   A. 劳动　　　　　　　　　B. 社会关系
   C. 人的自我意识　　　　　D. 人的感情欲望

3. 道德的本质是（　　）的反映。
   A. 统治阶级意志　　　　　B. 全民意志
   C. 社会经济关系　　　　　D. 社会政治关系

4. 道德的（　　）是指在正确善恶观的指引下，规范社会成员在社会公共领域、职业领域、家庭领域的行为，并规范个人品德的养成，引导并促进人们崇德向善。
   A. 认识功能　　B. 规范功能　　C. 调节功能　　D. 教育功能

5. 道德的（　　）是指道德通过评价等方式，指导和纠正人们的行为和实践活动，协调社会关系和人际关系的功效与能力。
   A. 认识功能　　B. 规范功能　　C. 调节功能　　D. 导向功能

6. 中国古代思想家中，（　　）提出"兼相爱，交相利"的思想。
   A. 孔子　　　　B. 孟子　　　　C. 荀子　　　　D. 墨子

7. "富贵不能淫，贫贱不能移，威武不能屈"体现了中华传统美德（　　）的精神。
   A. 推崇"仁爱"原则，注重以和为贵　　B. 提倡人伦价值，重视道德义务
   C. 追求精神境界，向往理想人格　　　D. 强调道德修养，注重道德践履

8. （　　）作为贯穿中国革命道德始终的一根红线，是中国共产党在中国革命实践中的一个伟大创造。

A. 为实现社会主义和共产主义理想而奋斗

B. 全心全意为人民服务

C. 始终把革命利益放在首位

D. 修身自律,保持节操

9. ( )是指中国共产党人、人民军队、一切先进分子和人民群众在中国革命、建设、改革中所形成的优秀道德。

  A. 中国革命道德   B. 社会主义道德

  C. 中华传统道德   D. 共产主义道德

10. 社会主义道德区别和优越于其他社会形态道德的显著标志,是以( )作为社会主义道德的核心。

  A. 集体主义   B. 为人民服务   C. 爱国主义   D. 马列主义

11. 加强社会主义道德建设,应以( )为道德原则。

  A. 集体主义   B. 为人民服务   C. 普世价值观   D. 核心价值观

12. 社会主义集体主义道德建设中,共产党员、先进分子应以( )作为道德追求。

  A. 无私奉献、一心为公   B. 先公后私、先人后己

  C. 顾全大局、遵纪守法   D. 热爱祖国、诚实劳动

13. 社会主义集体主义的较高层次是( )的要求。

  A. 无私奉献、一心为公   B. 先公后私、先人后己

  C. 顾全大局、遵纪守法   D. 热爱祖国、诚实劳动

14. 下列选项中,不符合社会主义集体主义道德原则要求的是( )。

  A. 无私奉献、一心为公

  B. 先公后私、先人后己

  C. 损人利己、损公肥私

  D. 顾全大局、遵纪守法、热爱祖国、诚实劳动

15. ( )是维护公共利益、公共秩序、社会和谐稳定的起码的道德要求。

  A. 社会公德   B. 职业道德   C. 家庭美德   D. 个人品德

16. 当今社会公共生活领域不断扩大,特别是网络使公共生活进一步扩

展到虚拟世界,反映了社会公共生活的(　　)。

　　A. 活动范围的广泛性　　　　B. 活动内容的开放性

　　C. 交往对象的复杂性　　　　D. 活动方式的多样性

17. 随着科学技术的迅猛发展,人们在公共生活的交往对象不再局限于熟知的人,反映了社会公共生活的(　　)。

　　A. 活动范围的广泛性　　　　B. 活动内容的开放性

　　C. 交往对象的复杂性　　　　D. 活动方式的多样性

18. (　　)是全体公民都必须遵循的基本行为准则,是维护公共生活秩序的重要条件。

　　A. 文明礼貌　　B. 爱护公物　　C. 保护环境　　D. 遵纪守法

19. (　　)对各行各业的从业者具有引导和约束作用,而且也是促进社会持续健康、有序发展的必要条件。

　　A. 社会公德　　B. 职业道德　　C. 家庭美德　　D. 个人品德

20. (　　)既是中华民族的传统美德,也是我国公民道德建设的重点,还是社会主义核心价值观的一条重要准则。

　　A. 文明礼貌　　B. 助人为乐　　C. 诚实守信　　D. 办事公道

21. (　　)是社会主义职业道德中最高层次的要求,体现了社会主义职业道德的最高目标指向。

　　A. 助人为乐　　B. 诚实守信　　C. 办事公道　　D. 奉献社会

22. (　　)是一对男女基于一定的社会基础和共同的生活理想,在各自内心形成的相互倾慕并渴望对方成为自己终身伴侣的一种强烈、纯真、专一的感情。

　　A. 友情　　　　B. 爱情　　　　C. 恋爱　　　　D. 婚姻

23. 恋爱、婚姻家庭道德规范中,(　　)是爱情的本质体现。

　　A. 尊重人格平等　　　　　　B. 自觉承担责任

　　C. 文明相亲相爱　　　　　　D. 专一性排他性

24. 家庭美德中,(　　)不仅是每个公民必须遵守的道德准则,也是应尽的社会责任和法律义务。

　　A. 尊老爱幼　　B. 男女平等　　C. 夫妻和睦　　D. 邻里团结

25. 家庭美德中,(　　)是家庭兴旺的保证,也是社会富足的保证。

　　A. 尊老爱幼　　B. 男女平等　　C. 夫妻和睦　　D. 勤俭持家

26. (　　)是通过社会道德教育和个人自觉的道德修养所形成的稳定的心理状态和行为习惯。

　　A. 社会公德　　B. 职业道德　　C. 家庭美德　　D. 个人品德

27. 道德修养中,(　　)方法是通过反省检验以发现和找出自己思想与行为中的不良倾向,并及时对它们进行抑制和克服。

　　A. 学思并用　　B. 省察克治　　C. 慎独自律　　D. 知行统一

28. 道德修养中,(　　)方法是指在没有外在监督的情况下,坚守自己的道德信念。

　　A. 学思并用　　B. 省察克治　　C. 慎独自律　　D. 知行统一

29. 道德修养中,(　　)是指把提高道德认识与躬行道德实践统一起来,以促进道德要求内化为个人的道德品质,外化为实际的道德行为。

　　A. 学思并用　　B. 省察克治　　C. 慎独自律　　D. 知行统一

30. 志愿服务精神的精髓是(　　)。

　　A. 奉献　　B. 友爱　　C. 互助　　D. 进步

31. 大学生投身崇德向善的道德实践,(　　)就是坚持真理、坚持原则,坚持同一切歪风邪气作斗争。

　　A. 知荣辱　　B. 讲正气　　C. 作奉献　　D. 促和谐

(二) 多项选择题

1. 道德作为特殊的行为规范的调节方式,主要靠(　　)来调节人们的行为。

　　A. 社会舆论　　B. 传统习俗　　C. 宗教信仰　　D. 内心信念

2. 道德的功能是指道德作为社会意识的特殊形式对于社会发展所具有的功效与能力。在道德的功能系统中,(　　)是最基本的功能。

　　A. 教育功能　　B. 认识功能　　C. 规范功能　　D. 调节功能

3. 中华传统美德博大精深,用中华传统美德滋养社会主义道德建设,要结合时代要求,按照(　　)坚持古为今用、推陈出新的原则。

A. 是否有利于推动中国特色社会主义事业

B. 是否有利于增强社会主义国家的综合国力

C. 是否有利于建设社会主义道德体系

D. 是否有利于培育和践行社会主义核心价值观的标准

4. 中国革命道德与中华传统美德联系十分密切,它们之间的关系是(　　)。

  A. 中华传统美德是中国革命道德的渊源之一

  B. 中国革命道德是对中国优良道德传统的继承和发展

  C. 中国革命道德继承了中国传统道德的精华,摒弃了传统道德的糟粕

  D. 中国革命道德是中华传统美德的一部分

5. 借鉴和吸收人类文明优秀道德成果,要坚持马克思主义立场、观点、方法,在道德问题上把握好(　　)的关系。

  A. 历史和现实　　B. 共性和个性　　C. 抽象和具体　　D. 一般和个别

6. 为人民服务是中国共产党人把马克思主义基本原理与中国革命、建设、改革的具体实践相结合的伟大创造,是(　　)。

  A. 中国共产党践行的根本宗旨

  B. 社会主义道德观的集中体现

  C. 儒家思想的继承和发扬

  D. 全体中国人民共同遵循的道德要求

7. 社会主义集体主义道德建设中,(　　)是对公民最基本的道德要求。

  A. 无私奉献、一心为公　　　　B. 先公后私、先人后己

  C. 顾全大局、遵纪守法　　　　D. 热爱祖国、诚实劳动

8. 公共生活具有的特征是(　　)。

  A. 活动范围的广泛性　　　　　B. 活动内容的开放性

  C. 交往对象的复杂性　　　　　D. 活动方式的多样性

9. 人们在网络生活中,维护正常的网络公共秩序需要共同遵守的基本道德准则是(　　)。

  A. 正确使用网络工具　　　　　B. 健康进行网络交往

C. 自觉避免沉迷网络　　　　　D. 积极引导网络舆论

10. 人类是劳动创造的,社会是劳动创造的。在职业生活中,必须牢固树立"(　　　)"的观念,通过劳动创造更加美好的生活。

A. 劳动最光荣　B. 劳动最崇高　C. 劳动最伟大　D. 劳动最美丽

11. 诚实守信在我国思想道德建设中具有特殊重要的作用,它既是中华民族的传统美德,也是我国公民道德建设的重点,还是社会主义核心价值观的一条重要准则,对(　　　)。

A. 个人而言,是高尚的人格力量

B. 社会而言,是正常秩序的基本保证

C. 国家而言,是良好的国际形象

D. 企业而言,是一种生产力

12. 恋爱是建立幸福家庭的前奏,作为一种人际交往,恋爱中的道德规范主要有(　　　)。

A. 专一性、排他性　　　　　　B. 尊重人格平等

C. 自觉承担责任　　　　　　　D. 文明相亲相爱

13. 树立正确的恋爱观,大学生要处理好的关系有(　　　)。

A. 恋爱与学习的关系　　　　　B. 恋爱与生活的关系

C. 恋爱与关心集体的关系　　　D. 恋爱与关爱他人和社会的关系

14. 个人品德是个体对某种道德要求认同和践履的结果,集中体现了(　　　)的内在统一。

A. 道德认知　B. 道德情感　C. 道德意志　D. 道德行为

15. 社会道德认知只有内化为个人品德,才能成为现实的规范力量。道德认知向道德行为转化的过程中,(　　　)是关键环节。

A. 道德情感　B. 道德意志　C. 道德信念　D. 道德践履

16. 大学生投身崇德向善的道德实践,就要向道德模范学习,培养志愿服务精神,大力弘扬时代新风,强化(　　　)。

A. 服务意识　B. 社会责任意识　C. 规则意识　D. 奉献意识

17. 民主法治、公平正义、诚信友爱、充满活力、安定有序的和谐社会,大学生促和谐就是要促进(　　　)等。

A. 自我身心的和谐　　　　　　B. 个人与他人的和谐
C. 个人与社会的和谐　　　　　D. 人与自然的和谐

18. 社会文明状况是社会风尚的重要体现,全社会应推动形成(　　　)的社会风尚。

A. 知荣辱　　　B. 讲正气　　　C. 作奉献　　　D. 促和谐

（三）辨析题

1. 道德没有国家强制力作后盾,所以道德的作用软弱无力。
2. 中国传统美德博大精深,社会主义道德建设就是要恢复中国"固有文化"。
3. 为人民服务和社会主义市场经济是相矛盾的。
4. 社会主义集体主义就是要集体利益绝对高于个人利益。
5. 职业生活是否顺利、是否成功,主要取决于个人的专业知识和技能。

（四）简答题

1. 道德的基本功能是什么?
2. 道德是作用是什么?
3. 中华传统美德的基本精神是什么?
4. 中国革命道德的主要内容是什么?
5. 社会主义集体主义中,如何理解个人利益和集团利益的辩证关系?
6. 网络生活中的道德要求是什么?
7. 如何树立正确的择业观和创业观?
8. 如何树立正确的恋爱观与婚姻观?
9. 个人品德的作用是什么?
10. 大学生如何学习道德模范?

（五）论述题

1. 如何正确认识和理解道德的本质?
2. 如何做好中华传统美德的创造性转化和创新性发展?

3. 如何理解为人民服务是社会主义道德的核心?
4. 如何锤炼高尚道德品格?

参考答案

(一) 单项选择题

1. A 2. C 3. C 4. B 5. C 6. D 7. C 8. B 9. A 10. B 11. A 12. A 13. B 14. C 15. A 16. A 17. C 18. D 19. B 20. C 21. D 22. B 23. B 24. A 25. D 26. D 27. B 28. C 29. D 30. A 31. B

(二) 多项选择题

1. ABD 2. BCD 3. ACD 4. ABC 5. BCD 6. ABD 7. CD 8. ABCD 9. ABCD 10. ABCD 11. ABC 12. BCD 13. ACD 14. ABCD 15. BC 16. BCD 17. ABCD 18. ABCD

(三) 辨析题

1. 错误。"道德无用论"否认道德的作用,或者通过强调非道德因素的作用来否定道德的积极作用,或者通过强调道德的消极因素来否定道德的积极作用。这种观点的根本错误在于,忽视了道德作为上层建筑的重要组成部分,一方面由经济基础所决定,另一方面对经济基础和生产力发展有一定的反作用。片面强调其消极方面,或从根本上忽视其积极方面的存在,必然不利于道德作用的发挥。

2. 错误。中国传统道德是一个矛盾体,具有鲜明的两重性。属于精华的部分,表现出积极、革新、进步的一面;属于糟粕的部分,则表现出消极、保守、落后的一面。要在去粗取精、去伪存真的基础上坚持古为今用、推陈出新,努力实现中华传统美德的创造性转化和创新性发展。

3. 错误。社会主义市场经济本质上要求为人民服务,不仅在于人们在一切经济活动中,应正确处理个人与社会、竞争与协作、效率与公平、先富与共富、经济效益与社会效益等关系,形成健康有序的经济和社会生活规范;更在于强调在社会主义物质文明和精神文明的引导下,每个市场主体都要有为人民服务的思想,更好使市场主体把自身的特殊利益同国家和人民的共同利益结合起来。

4. 错误。集体主义强调,在个人利益与国家利益、社会整体利益发生矛盾冲突,尤其是发生激烈冲突的时候，必须坚持国家利益、社会整体利益高于个人利益的原则。

集体主义重视和保障个人的正当利益。集体主义促进和保障个人正当利益的实现，使个人的才能、价值得到充分的发挥。只有在国家、社会中个人才能获得全面发展，才可能有个人自由。只有个人的价值、尊严得到实现，个人的正当利益得到保证，集体才能有更强大的生命力和凝聚力。

5. 错误。职业生活是否顺利、是否成功，既取决于个人的专业知识和技能，更取决于个人的职业道德素质。人们在职业活动中的道德状况如何，直接关系着各行各业乃至整个社会的道德状况，直接或间接地影响着个人的职业生活。

(四) 简答题

1. 道德的功能，一般是指道德作为社会意识的特殊形式对于社会发展所具有的功效与能力。道德的功能是多元的，同时也是多层次的。

道德的认识功能是指道德反映社会关系特别是反映社会经济关系的功效与能力。

道德的规范功能是指在正确善恶观的指引下，规范社会成员在社会公共领域、职业领域、家庭领域的行为，并规范个人品德的养成，引导并促进人们崇德向善。

道德的调节功能是指道德通过评价等方式，指导和纠正人们的行为和实践活动，协调社会关系和人际关系的功效与能力。

2. 道德的作用主要表现在：道德为经济基础的形成、巩固和发展服务，是一种重要的精神力量；道德对其他社会意识形态的存在有着重大的影响；道德通过调整人们之间的关系维护社会秩序和稳定；道德是提高人的精神境界、促进人的自我完善、推动人的全面发展的内在动力；在阶级社会中，道德是调节阶级矛盾和对立阶级之间开展阶级斗争的重要工具。

3. 重视整体利益，强调责任奉献。在中华传统道德的发展演化中，始终强调整体利益、国家利益和民族利益的重要性。

推崇"仁爱"原则，注重以和为贵。推崇仁爱、崇尚和谐是中华民族的优良传统和高尚品德。

提倡人伦价值，重视道德义务。中华传统美德一个重要的特点，就是它非常重视每个人在人伦关系中的地位及其价值，强调每个人都必须根据规范的要求，来尽自己应尽的义务。

追求精神境界,向往理想人格。中华传统美德主张在物质生活基本满足的情况下应追求崇高的精神境界,把道德理想的实现看作人生诸种需要中最高层次的需要。

强调道德修养,注重道德践履。在塑造理想人格的过程中,最重要的就是要奋发向上、切磋践履、修身养性。

4. 为实现社会主义和共产主义理想而奋斗。坚持社会主义、共产主义理想和信念的不屈不挠的精神,是革命道德的灵魂。

全心全意为人民服务。中国革命道德从一开始就特别强调要为群众服务、为大众谋幸福、为人民利益献身,并认为这是对一切革命人士和先进分子的要求。

始终把革命利益放在首位。共产党人和革命者从事革命活动的目的就是要为革命利益而奋斗,在个人利益与革命利益发生矛盾时,要"以革命利益为第一生命,以个人利益服从革命利益"。

树立社会新风,建立新型人际关系。树立社会新风,建立新型人际关系,体现了中国革命道德在社会生活层面上的重要意义。

修身自律,保持节操。把加强个人道德修养看成是能够影响革命成败的大事,因而践履中国革命道德的重要环节就是共产党人修身自律、保持节操。

5. 集体主义强调国家利益、社会整体利益和个人利益的辩证统一。在社会主义社会中,国家利益、社会整体利益和个人利益也是不能分割的。

集体主义强调国家利益、社会整体利益高于个人利益。集体主义强调,在个人利益与国家利益、社会整体利益发生矛盾冲突,尤其是发生激烈冲突的时候,必须坚持国家利益、社会整体利益高于个人利益的原则。

集体主义重视和保障个人的正当利益。集体主义促进和保障个人正当利益的实现,使个人的才能、价值得到充分的发挥。

6. 正确使用网络工具。正确使用网络,提高信息的获取能力,加强信息的辨识能力,增进信息的应用能力,使网络成为开阔视野、提高能力的重要工具。

健康进行网络交往。通过网络开展健康有益的人际交往,树立自我保护意识,不要轻易相信网友,避免受骗上当,避免给自己的人身和财产安全带来危害。

自觉避免沉迷网络。应当合理安排上网时间,约束上网行为,避免沉迷网络。

加强网络道德自律。加强道德自律应成为网民不可推卸的义务。个体的道德自律应成为维护网络道德规范的基本保障。

7. 树立崇高的职业理想。职业活动不仅是人们谋生的手段,也是人们奉献社会、完善自身的必要条件。

服从社会发展的需要。择业和创业固然要考虑个人的兴趣和意愿,同时也要充分考虑现实的可能性和社会的需要,把自己对职业的期望与社会的需要、现实的可能结合起来。

做好充分的择业准备。素质是立身之基,技能是立业之本。大学生有了真才实学,才能在未来适应多种岗位。

培养创业的勇气和能力。创业是通过发挥自己的主动性和创造性,开辟新的工作岗位、拓展职业活动范围、创造新业绩的实践过程。

8. 不能误把友谊当爱情。异性之间要理智地把握好友谊与爱情的界限。

不能错置爱情的地位。把爱情放在人生最高的地位,奉行爱情至上主义,很容易导致对人生目标的误解。

不能片面或功利化地对待恋爱。只追求外在形象,或者只看重对方的经济条件,或者仅仅把恋爱看成是摆脱孤独寂寞的方式,都无法产生真挚的感情,也得不到真正的爱情。

不能只重过程不顾后果。自愿担当的责任,丰富了爱情的内涵,提升了爱情的境界。

不能因失恋而迷失人生方向。做到失恋不失志,失恋不失德,不影响学业和生活,不丧失对爱的憧憬和追求。

树立正确的恋爱观,大学生还要处理好这样几种关系:一是恋爱与学习的关系,二是恋爱与关心集体的关系,三是恋爱与关爱他人和社会的关系。

9. 个人品德对道德和法律作用的发挥具有重要的推动作用。个人品德是道德和法律作用发挥的推动力量。社会道德和法律要求只有内化为个人品德,才能成为现实的规范力量。同时,个人品德提升的过程也是能动地作用于社会道德和法律的过程,它能够为社会道德和法律的发展进步创造条件、提供动力。

10. 大学生学习道德模范,就是要学习道德模范助人为乐、关爱他人的高尚情怀,在关心他人、帮助他人的过程中创造人生价值;学习他们见义勇为、勇于担当的无畏精神,在危难和考验关头挺身而出;学习他们以诚待人、守信践诺的崇高品格,老老实实做人、踏踏实实做事;学习他们敬业奉献、勤勉做事的职业操守,干一行爱一行,钻一行精一行;学习他们孝老爱亲、血脉相依的至美真情,常怀感恩之心、敬爱之情。大学生要时时处处以道德模范为榜样,多做好事,多办实事,在公共场所、邻里相处、行路驾车、外出旅游等不同的场合做到崇德守礼、遵规守法,养成良好的道德习惯。

（五）论述题

1. 道德属于上层建筑的范畴，是一种特殊的社会意识形态。正确理解道德的本质，应该把握经济基础对道德的决定作用，以及道德在一定条件下对经济基础的能动作用。

道德是反映社会经济关系的特殊意识形态。道德的产生、发展和变化，归根结底根源于社会经济关系。其一，道德的性质和基本原则、规范反映了与之相应的社会经济关系的性质和内容。其二，道德随着社会经济关系的变化而变化。其三，道德作为一种社会意识，在阶级社会里总是反映着一定阶级的利益，因而不可避免地具有阶级性。其四，作为社会意识的道德一经产生，便有相对独立性。

道德是社会利益关系的特殊调节方式。道德是一种调整人与人、人与社会、人与自然以及人与自身之间关系的特殊的行为规范。

道德是一种实践精神。作为实践精神，道德是一种旨在通过把握世界的善恶现象而规范人们的行为并通过人们的实践活动体现出来的社会意识。

2. 中国传统道德是一个矛盾体，具有鲜明的两重性。要在去粗取精、去伪存真的基础上坚持古为今用、推陈出新。

加强对中华传统美德的挖掘和阐发。弘扬中华传统美德，必须通过科学的分析和鉴别，把其中带有阶级和时代局限性的成分剔除出去，把其中具有当代价值的道德精神发掘出来，总结传统美德中丰富的思想道德资源，对中华传统美德的德目、观点进行新的诠释和激活，结合现代生活赋予其新的时代内涵，努力推动中华传统美德的创造性转化和创新性发展。

用中华传统美德滋养社会主义道德建设。要结合时代要求，按照是否有利于推动中国特色社会主义事业，是否有利于建设社会主义道德体系，是否有利于培育和践行社会主义核心价值观的标准，坚持古为今用、推陈出新的原则，为社会主义道德建设提供丰厚的道德资源，赋予社会主义道德和共产主义道德以鲜明的民族特色。

在对待传统道德的问题上，要反对两种错误思潮：一种是复古论，另一种是虚无论。这两种观点都是错误的，割断了道德的历史与发展的关系，都不利于社会的发展和道德的进步。

3. 为人民服务是中国共产党人把马克思主义基本原理与中国革命、建设、改革的具体实践相结合的伟大创造，是中国共产党践行的根本宗旨，也是社会主义道德观的集中体现，是全体中国人民共同遵循的道德要求。

为人民服务是社会主义经济基础和人际关系的客观要求。在我国，以公有制为主体和以按劳分配为主体,是为人民服务的根本制度保证,在此基础上逐步形成的团结互助、平等友爱、共同进步的人际关系,是为人民服务的基础。

为人民服务是社会主义市场经济健康发展的要求。社会主义市场经济本质上要求为人民服务,每个市场主体都要有为人民服务的思想,更好地使市场主体把自身的特殊利益同国家和人民的共同利益结合起来。

为人民服务是先进性要求和广泛性要求的统一。在今天,毫不利己、专门利人、无私奉献是为人民服务,顾全大局、先公后私、爱岗敬业、办事公道是为人民服务,同志间、师生间、同学间互相关心、互相爱护、互相帮助是为人民服务,热心公益、助人为乐、见义勇为、扶贫帮困、扶残助残也是为人民服务,遵纪守法、诚实劳动并获取正当的个人利益同样也是为人民服务。

为人民服务作为社会主义道德的核心,是社会主义道德区别和优越于其他社会形态道德的显著标志。

4. 习近平强调:"道德建设,重要的是激发人们形成善良的道德意愿、道德情感,培育正确的道德判断和道德责任,提高道德实践能力尤其是自觉践行能力。"

形成正确的道德认知和道德判断。一方面要客观评判古代传统道德观和近现代资本主义道德观的进步性与局限性,尤其要清醒认识当代西方资产阶级道德观念的不合理性;另一方面还要深刻理解以生产资料公有制为主体的社会主义生产实践基础上形成的道德所具有的历史优越性、时代进步性,牢固树立中国特色社会主义道德观念。

激发正向的道德认同和道德情感。大学生应在道德修养中激发正向的情感认同,真正把外在的社会道德规范内化为心悦诚服的自律准则。

强化坚定的道德意志和道德信念。道德修养重在践行,在道德认知向道德行为转化的过程中,道德意志和道德信念是关键环节。道德意志和道德信念是人们在践履道德原则、规范的过程中表现出的自觉克服一切困难和障碍的毅力,通过道德意志和信念的坚守,道德行为才能体现出恒久性。

阅读思考

(一)

材料

中华民族有着五千多年的文明史,创造和传承下来丰富的文化传统。一方面,随着实践发展和社会进步,我们要创造更为先进的文化。另一方面,在历史进程中凝聚下来的优秀文化传统,决不会随着时间推移而变成落后的东西。我们决不可抛弃中华民族的优秀文化传统,恰恰相反,我们要很好传承和弘扬,因为这是我们民族的"根"和"魂",丢了这个"根"和"魂",就没有根基了。

——习近平:《在广东考察工作时的讲话》(2012年12月7日至11日),《习近平:实现中国梦必须弘扬中国精神》,人民网,http://theory.people.com.cn/n/2014/0902/c40531-25586123-3.html。

思考:

这段话阐述了传承和创新的怎样的辩证关系?

(二)

材料

红色基因是中国革命精神的传承,红色,象征光明,凝聚力量,引领未来。瑞金、井冈山、遵义、延安、西柏坡,无一例外地因为"红色"而典藏了历史。"红色基因"是中国共产党人的精神内核。

习近平在十八届六中全会第二次会议上指出:"我们党在长期实践中形成的党内政治生活的光荣传统,无论过去、现在还是将来,都是党的宝贵财富。光荣传统不能丢,丢了就丢了魂;红色基因不能变,变了就变了质。"红船精神、井冈山精神、苏区精神、长征精神、延安精神、西柏坡精神等红色精神中蕴含的革命道德,都是中国共产党领导全体人民实现民族独立、人民解放的精神支撑和思想武器,对于我们走好新时代的长征路,实现中华民族伟大复兴仍然具有极其重要的现实意义。

——参见《严肃党内政治生活》,人民网,http://theory.people.com.cn/n1/2018/0103/c416126-29743034.html。

思考:

1. 中国革命道德的主要内容是什么?
2. 在远离革命时期的现在,如何更好地了解并发扬中国革命道德?

(三)

材料

李保国生前是河北农业大学教授、博士生导师。他把太行山区生态治理和群众脱贫奔小康作为毕生追求,每年深入基层 200 多天,让 140 万亩荒山披绿,带领 10 万农民脱贫致富。常年高强度工作让李保国积劳成疾,2016 年 4 月 10 日凌晨,58 岁的他突发心脏病,经抢救无效去世。李保国去世后被追授"全国优秀共产党员""时代楷模""全国优秀教师"等荣誉称号。

2016 年 6 月,习近平对李保国同志先进事迹作出重要批示,指出:"李保国同志 35 年如一日,坚持全心全意为人民服务的宗旨,长期奋战在扶贫攻坚和科技创新第一线,把毕生精力投入到山区生态建设和科技富民事业之中,用自己的模范行动彰显了共产党员的优秀品格,事迹感人至深。李保国同志堪称新时期共产党人的楷模,知识分子的优秀代表,太行山上的新愚公。"

——参见《习近平对李保国同志先进事迹作出重要批示》,新华网,http://www.xinhuanet.com//politics/2016-06/12/c_1119027652.htm。

思考:
1. 社会主义道德核心和原则是什么?
2. 新时代大学生如何践行社会主义道德核心和原则?

(四)

材料

2000 年,王一硕考上大学时,因学费无法解决差点放弃,是国家助学贷款圆了他的大学梦。毕业时,他以感恩之心参加大学生志愿服务西部计划,在做志愿者工作中,充分发挥所学专长,带领当地群众发展中药材种植,并帮助几家制药企业通过 GSP 认证。同时,王一硕认为,作为一名大学生,应该以诚信为本,以守信为荣,随着打工收入的增加,还贷能力的日渐增强,2005 年底,在离还贷期限还有 10 个多月时,王一硕还清了 26 770 元贷款;同年考取河南中医学院中药专业研究生,立志成为现代中医药领域里的拔尖人才。因其诚实守信和突出的工作能力,王一硕得到了社会的广泛认可,也成为多家企业抢夺的人才,2006 年,被评为第六届中国十大杰出青年志愿者、中国大学生十大年度人物。

——参见《全国诚实守信模范候选人:王一硕事迹》,央视网,http://news.cctv.com/special/daode/20070830/103526.shtml。

思考：

1. 职业道德的主要内容是什么？
2. 诚信道德对大学生有何重要意义？

（五）

材料 1

杨科璋，2011 年 6 月入伍，中共党员。曾任广西壮族自治区玉林市公安消防支队名山中队政治指导员。

2015 年 5 月 30 日 1 点 13 分，火灾中救援抱住 2 岁女童转移，因烟雾太大，踩空坠楼，怀中 2 岁女童得救，杨科璋壮烈牺牲。

2017 年 7 月 24 日，杨科璋被评为德耀中华第六届全国道德模范候选人。

2017 年 11 月，当选第六届全国道德模范（见义勇为类）。2018 年 3 月 1 日，当选感动中国 2017 年度人物。

——参见《杨科璋：烈火中永生的消防英雄》，中国消防网，http://119.china.com.cn/txt/2018-04/16/content_40293268.shtml?f=web。

材料 2

习近平指出，道德模范是道德实践的榜样。要深入开展宣传学习活动，创新形式、注重实效，把道德模范的榜样力量转化为亿万群众的生动实践，在全社会形成崇德向善、见贤思齐、德行天下的浓厚氛围。

——参见《习近平对全国道德模范表彰活动作出重要批示》，新华网，http://www.xinhuanet.com//2015-10/13/c_1116812676.htm。

思考：

1. 道德模范的含义是什么？
2. 新时代大学生如何向道德模范学习？

第六章 尊法学法守法用法

内容概述

本章的主题是法治观和法治素养,以"尊法学法守法用法"为章题,共设有六节,分别是"社会主义法律的特征和运行""以宪法为核心的中国特色社会主义法律体系""建设中国特色社会主义法治体系""坚持走中国特色社会主义法治道路""培养法治思维""依法行使权利与履行义务"。

着力帮助新时代大学生以马克思主义法学思想和中国特色社会主义法治理论为指导,深刻领会全面依法治国是关系党执政兴国、人民幸福安康、党和国家长治久安的重大战略问题,在信仰法治中建设法治中国。积极引导大学生培育社会主义法治文化,形成尊崇法治、践行法治的良好风尚,夯实同心共筑中国梦的法治基石。努力提高大学生尊法学法守法用法意识,做社会主义法治的忠实崇尚者、自觉遵守者、坚定捍卫者。

第一节 社会主义法律的特征和运行

本节主要概述法律及其历史发展、我国社会主义法律的本质特征和运行机制。重在引导大学生认真学习马克思主义法学理论,体悟法治作为现代文明制度基石的力量,正确理解我国社会主义法律的本质特征、重要作用和运行机制。

一、法律及其历史发展

在漫长的文明演进中,法律发挥着特殊的社会规范作用。认识法律的含义及其历史,是掌握法律基本原理、形成法治观念的基础。

(一)法律的含义

法律是由国家创制和实施的行为规范。国家创制法律规范的方式主要有两种:一是国家机关在法定的职权范围内依照法律程序,制定、修改、废止规范性法律文件的活动;二是国家机关赋予某些既存社会规范以法律效力,或者赋予先前的判例以法律效力的活动。法律不但由国家制定和认可,而且由国家强制力保证实施。也就是说,法律具有国家强制性,既表现为国家对合法行为的肯定和保护,也表现为国家对违法行为的否定和制裁。法律由一定的社会物质生活条件所决定。法律作为上层建筑的重要组成部分,不是凭空出现的,而是产生于特定社会物质生活条件基础之上。法律是统治阶级意志的体现。法律所体现的统治阶级意志具有整体性。同时,法律所体现的统治阶级意志,并不是统治阶级意志的全部,仅仅是上升为国家意志的那部分意志。综上,可以将法律定义为:法律是由国家制定或认可并以国家强制力保证实施的,反映由特定社会物质生活条件所决定的统治阶级意志的规范体系。

(二)法律的历史发展

法律不是从来就有的,也不是永恒存在的。它随着私有制、阶级和国家的产生而产生,也将随着私有制、阶级和国家的消亡而消亡。法律作为上层建筑的重要组成部分,其基本内容和性质总是与所在社会的生产关系相适应的。奴隶制法律、封建制法律、资本主义法律都是建立在私有制经济基础上的剥削阶级类型法律,而社会主义法律是人类历史上唯一以公有制为基础的新型法律制度。

二、我国社会主义法律的本质特征

我国社会主义法律,是在中国共产党领导的新民主主义革命时期孕育,在中华人民共和国成立后不断形成和发展起来的。改革开放以来,我国法治建设进入了前所未有的快速发展时期,形成了以宪法为统帅的社会主义法律体系,国家和社会生活各方面实现了有法可依,这是一个巨大的历史成就。

从本质上说,我国社会主义法律是中国特色社会主义制度的重要组成部分,是党领导人民当家作主的制度保障。第一,我国社会主义法律体现了党的主张和人民意志的统一。我国社会主义法律既具有鲜明的阶级性,又具有广泛的人民性,体现了阶级性与人民性的统一。第二,我国社会主义法律具有科学性和先进性。我国社会主义法律反映的是全体人民的共同利益,从本质上说,它更能尊重和反映社会发展规律,具有科学性和先进性。我国法律坚持马克思主义世界观和方法论,并指导人们在法律实践中尊重和反映客观规律。第三,我国社会主义法律是中国特色社会主义建设的重要保障。我国法律的社会作用体现了社会主义的本质要求,经济发展、政治清明、文化昌盛、社会公正、生态良好,都离不开社会主义法律的引领、规范和保障。

三、我国社会主义法律的运行

法律的运行是一个从创制、实施到实现的过程。这个过程主要包括法律制定、法律执行、法律适用、法律遵守等环节。我国社会主义法律的运行具有鲜明的中国特色。

法律制定是指有立法权的国家机关,依照法定职权和程序、制定规范性法律文件的活动,是法律运行的起始性和关键性环节。根据宪法规定,全国人民代表大会及其常务委员会行使国家立法权,负责宪法和法律的制定、修改、废止和解释工作。国务院有权根据宪法和法律制定行政法规。中央军委有权根据宪法和法律制定军事法规。国务院各部门可以根据宪法、法律和行政法规,在本部门的权限范围内,制定部门规章。省、自治区、直辖市的人民代表大会及其常委会根据本行政区域的具体情况和实际需要,在不与宪法、法律和行政法规相抵触的前提下,可以制定地方性法规。设区的市的人民代表大会及其常委会根据本市的具体情况和实际需要,在不与宪法、法律、行政法规和本省、自治区的地方性法规相抵触的前提下,可以制定地方性法规,报省、自治区的人民代表大会常委会批准后施行。省、自治区、直辖市、设区的市的人民政府可以根据法律、行政法规和本省、自治区、直辖市的地方性法规,制定地方政府规章。自治区、自治州、自治县的人民代表大会可以根据当地民族的具体情况制定自治条例和单行条例。特别行政区立法机关有权根据特别行政区基本法自主地制定本行政区的法律。我国立法贯穿公正、公平、公开原则,坚持科学立法、民主立法、依法立法,表达人民的共同意志和诉求。立法活动必须遵循法定程序,就全国人民代表大会的立法程序而言,大体包括法律案的提出、法律案的审议、法律案的表决和法律的公布四个环节。

在广义上,法律执行是指国家机关及其公职人员,在国家和公共事务管理中依照法定职权和程序,贯彻和实施法律的活动。在狭义上,法律执行则是指国家行政机关执行法律的活动,也被称为行政执法。行政执法是法律实施和实现的重要环节,必须坚持合法性、合理性、信赖保护、效率等基本原则。我国大部分的法律法规都是由行政机关执行的,行政执法的主体通常是国家行政机关及其公职人员。

法律适用是指国家司法机关及其公职人员依照法定职权和程序适用法律处理案件的专门活动。在我国,司法机关是指国家审判机关和检察机关。人民法院代表国家行使审判权,人民检察院代表国家行使法律监督权。其他任何国家机关、社会组织和个人,不得行使国家司法权。司法的基本要求是正确、合法、合理、及时。司法原则主要有:司法公正;公民在法律面前一律平等;以事实为依据,以法律为准绳;司法机关依法独立公正行使司法权等。

法律遵守是指国家机关、社会组织和公民个人依照法律规定行使权力和权利以及履行职责和义务的活动。守法不仅仅是履行法律义务,守法还意味着一切组织和个人严格依法办事的活动和状态。守法是法律实施和实现的基本途径。

第二节　以宪法为核心的中国特色社会主义法律体系

本节主要概述以宪法为核心的中国特色社会主义法律体系的构成及各法律部门的地位和功能,重点阐释我国宪法的统帅地位和基本原则。帮助大学生在整体把握中国特色社会主义法律体系的基础上,深刻理解必须牢固树立宪法法律权威,弘扬宪法精神,切实增强中国特色社会主义制度自信。

一、宪法是国家的根本法

宪法是中国特色社会主义法律体系的核心,在全面依法治国中具有突出地位和重要作用。

(一)我国宪法的形成和发展

宪法是治国理政的总章程,必须体现党和人民事业的历史进步,必须随着党领导人民建设中国特色社会主义实践的发展而不断完善发展。我国现行宪法是1982年12月4日五届全国人大五次会议通过的《中华人民共和国宪法》。在经历了1988年、1993年、1999年、2004年的四次修订后,2018年3月,十三届全国人大一次会议审议通过了《中华人民共和国宪法修正案》。通过本次宪法修改,党的十九大确定的重大理论观点和重大方针政策,党和国家事业发展的新成就新经验新要求等载入国家根本法。

(二)我国宪法的地位

我国宪法实现了党的主张和人民意志的高度统一,具有显著优势、坚实基础、强大生命力。宪法至上地位主要体现在其特有的作用、效力和内容等方面。第一,我国宪法是国家的根本法,是治国安邦的总章程,是党和人民意志的集中体现。我国现行宪法颁布以来,在坚持中国共产党领导,保障人民当家作主,促进改革开放和社会主义现代化建设,推动社会主义法治国家建设进程,维护国家统一、民族团结、社会稳定等方面发挥了有力的推动作用。第二,我国宪法是国家各项制度和法律法规的总依据。宪法在中国特色社会主义法律体系中居于统帅地位。我国宪法具有最高的法律地位、法律权威、法律效力,具有根本性、全局性、稳定性、长期性。第三,我国宪法规定了国家的根本制度。我国宪法确立了中国共产党的领导地位,确立了工人阶级领导的、以工农联盟为基础的人民民主专政的国体,确立了社会主义制度是中华人民共和国的根本制度,确立了人民代表大会制度的政体,确立了中国共产党领导的多党合作和政治协商制度、民族区域自治制度以及基层群众自治制度,确立了公有制为主体、多种所有制经济共同发展的基本经济制度和按劳分配为主体、多种分配方式并存的分配制度。

（三）我国宪法的基本原则

宪法的基本原则是贯穿于宪法规范始终,对宪法的制定、修改、实施、遵守等环节起指导作用的基本准则。我国宪法的基本原则主要有:第一,党的领导原则。中国共产党是中国特色社会主义事业的领导核心。党的领导是人民当家作主的根本保证,是中国特色社会主义最本质的特征,是中国特色社会主义制度最大优势。第二,人民主权原则。在我国,人民当家作主是社会主义民主政治的本质和核心。我国宪法体现了人民主权原则,强调国家的一切权力属于人民。第三,尊重和保障人权原则。我国宪法规定公民享有人身权、财产权、社会保障权、受教育权等权利和宗教信仰、言论出版、集会结社、游行示威等自由。第四,社会主义法治原则。我国宪法明确规定实行依法治国,建设社会主义法治国家。社会主义法治原则要求坚持宪法法律至上、法律面前人人平等,推进国家各项工作法治化,维护社会公平正义,维护社会主义法制的统一、尊严、权威。第五,民主集中制原则。我国宪法规定,中华人民共和国的国家机构实行民主集中制原则。国家权力统一由全国人民代表大会和地方各级人民代表大会行使,全国人民代表大会和地方各级人民代表大会由民主选举产生,对人民负责,受人民监督。

（四）我国宪法确立的制度

我国宪法确立的制度主要有:第一,国体和根本政治制度。国体即国家性质,是国家的阶级本质,是指社会各阶级在国家生活中的地位和作用。人民民主专政是我国的国体。政权组织形式,又称政体,是形成和表现国家意志的方式。人民代表大会制度是我国的政体,是我国宪法规定的一项根本政治制度。第二,基本政治制度。我国宪法确立的基本政治制度,主要有中国共产党领导的多党合作和政治协商制度、民族区域自治制度和基层群众自治制度。第三,基本经济制度。我国宪法规定:"中华人民共和国的社会主义经济制度的基础是生产资料的社会主义公有制,即全民所有制和劳动群众集体所有制。""国家在社会主义初级阶段,坚持公有制为主体、多种所有制经济共同发展的基本经济制度,坚持按劳分配为主体、多种分配方式并存的分配制度。"

二、我国的实体法律部门

国家根据现行法律规范所调整的社会关系及其调整方法不同,将其分为不同的法律部门。目前,我国现行有效法律已有 260 多部,中国特色社会主义法律体系已经形成并不断发展。这一法律体系是以宪法为统帅,以法律为主干,以行政法规、地方性法规为重要组成部分,由多个法律部门组成的有机统一整体。其中,实体法律部门包括宪法相关法、民法商法、行政法、经济法、社会法、刑法等。

(一)宪法相关法

宪法相关法是与宪法相配套、直接保障宪法实施和国家政权运作等方面的法律规范,主要包括国家机构的产生、组织、职权和基本工作原则方面的法律,民族区域自治制度、特别行政区制度、基层群众自治制度方面的法律,维护国家主权、领土完整、国家安全、国家标志象征方面的法律,保障公民基本政治权利方面的法律。

(二)民法商法

民法是调整平等主体的自然人、法人和非法人组织之间的人身关系和财产关系的法律规范,遵循民事主体地位平等、自愿、公平、诚信、公序良俗、有利于节约资源和保护生态环境等基本原则。商法是调整平等主体之间商事关系的法律规范,是与民法并列并互为补充的部门法。商法遵循民法的基本原则,同时秉承保障商事交易自由、等价有偿、便捷安全等原则。

(三)行政法

行政法是关于行政权的授予、行政权的行使以及对行政权监督的法律规范,调整的是行政机关与行政管理相对人之间因行政管理活动发生的关系,遵循职权法定、程序法定、公正公开、有效监督等原则,既保障行政机关依法行使职权,又注重保障公民、法人和其他组织的权利。

(四)经济法

经济法是国家从社会整体利益出发,对经济活动实行干预、管理或者调控的法律规范。与民法商法调整平等主体之间的民事商事关系不同,经济法是国家对市场经济进行适度干预和宏观调控的法律手段和制度框架,旨在防止市场经济的自发性和盲目性所导致的弊端。

(五)社会法

社会法是调整劳动关系、社会保障、社会福利和特殊群体权益保障等方面的法律规范,遵循公平和谐与国家适度干预原则,通过国家和社会积极履行责任,对劳动者、失业者、丧失劳动能力的人以及其他需要扶助的特殊人群的权益提供必要的保障,维护社会公平正义。

(六)刑法

刑法是规定犯罪与刑罚的法律规范。它通过规范国家刑罚权,惩罚犯罪,保护人民,维护社会秩序和公共安全,保障国家安全。我国刑法规定了罪刑法定、法律面前人人平等、罪刑相适应等基本原则。

三、我国的程序法律部门

我国的程序法律部门包括诉讼法与非诉讼程序法。诉讼与非诉讼程序法是规范解决社会纠纷的诉讼活动与非诉讼活动的法律规范。

(一)诉讼法

诉讼法律制度是规范国家司法活动解决社会纠纷的法律规范,我国制定了三大诉讼法,即刑事诉讼法、民事诉讼法及行政诉讼法。

(二)非诉讼程序法

非诉讼程序法律制度是规范仲裁机构或者人民调解组织解决社会纠纷的法律规范。我国的非诉讼程序法包括仲裁法、人民调解法、引渡法、海事诉讼特别程序法、劳动争议调解仲裁法、农村土地承包经营纠纷调解仲裁法等。

第三节 建设中国特色社会主义法治体系

本节着重概述建设中国特色社会主义法治体系的重大意义、主要内容及全面依法治国的基本格局。旨在帮助大学生深刻理解必须从关系党和国家前途命运、长治久安的战略全局高度来定位法治、布局法治、厉行法治,准确把握全面依法治国的总目标与基本格局。

建设中国特色社会主义法治体系是全力推进法治中国建设的重要内容,是实现国家治理体系和治理能力现代化的重大战略部署,对全面依法治国具有纲举目张的意义。

一、建设中国特色社会主义法治体系的重大意义

建设中国特色社会主义法治体系的重大意义体现在:第一,中国特色社会主义的本质要求和重要保障。中国特色社会主义法治体系本质上是中国特色社会主义制度的法律表现形式。新时代中国特色社会主义的总任务是实现社会主义现代化和中华民族伟大复兴,在全面建成小康社会的基础上分两步走,在本世纪中叶建成富强民主文明和谐美丽的社会主义现代化强国。中国特色社会主义法治体系为这一总任务的实现提供了推动力量和制度保障。第二,推进国家治理体系和治理能力现代化的重要举措。建设中国特色社会主义法治体系,能够有效推进党、国家、社会各项事务治理制度化、规范化、程序化,能够有效提高党科学执政、民主执政、依法执政水平。第三,全面依法治国的总抓手。建设中国特色社会主义法治体系是总揽全局、牵引各方的总抓手,必须从依法治国、依法执政、依法行政共同推进和法治国家、法治政府、法治社会一体建设方面,对法治中国建设作出战略部署和总体安排。

二、建设中国特色社会主义法治体系的主要内容

建设中国特色社会主义法治体系,就是在中国共产党领导下,坚持中国特色社会主义制度,贯彻中国特色社会主义法治理论,形成完备的法律规范体系、高效的法治实施体系、严密的法治监督体系、有力的法治保障体系,形成完善的党内法规体系。

完备的法律规范体系,是以宪法为核心,由部门齐全、结构严谨、内部协调、体例科学、调整有效的法律及其配套法规所构成的法律规范系统。完备的法律规范体系,是中国特色社会主义法治体系的前提,是法治国家、法治政府、法治社会的制度基础。

高效的法治实施体系,是指执法、司法、守法等各个环节有效衔接、协调高效运转、持续共同发力,实现效果最大化的法治实施系统。建设高效的法治实施体系,是建设中国特色社会主义法治体系的重点。

严密的法治监督体系,是指以规范和约束公权力为重点建立的有效的法治化权力监督网络。它以有权必有责、用权受监督、违法必追究,坚决纠正有法不依、执法不严、违法不究行为等为主要任务,是宪法法律有效实施的重要保障,是加强对权力运行制约和监督的迫切要求。

有力的法治保障体系,是指在法律制定、实施和监督过程中形成的结构完整、机制健全、资源充分、富有成效的保障系统,包括政治和组织保障、人才和物质条件保障、法治意识和法治精神保障等。有力的法治保障体系,是全面依法治国的重要依托。

完善的党内法规体系,是指科学、程序严密、配套完备、运行有效的党内制度及其运行、保障体系。完善党内法规体系的重点内容包括在党章之下分为党的组织法规制度、党的领导法规制度、党的自身建设法规制度、党的监督保障法规制度。建设完善的党内法规体系,是中国特色社会主义法治体系的本质要求和重要内容。

三、全面依法治国的基本格局

"科学立法、严格执法、公正司法、全民守法"十六字方针,展现了全面依

法治国的基本格局。推进全面依法治国,必须从立法、执法、司法、守法四个方面统筹推进。

科学立法。法律是治国之重器,立法是法治的龙头环节。科学立法以完善以宪法为核心的中国特色社会主义法律体系,加强宪法实施为目标。

严格执法。法律的生命力在于实施,法律的权威也在于实施。严格执法以深入推进依法行政,加快建设法治政府为目标。

公正司法。公正是法治的生命线,是司法活动最高的价值追求。公正司法是维护社会公平正义的最后一道防线。要保证公正司法,提高司法公信力,努力让人民群众在每一个司法案件中都能感受到公平正义。

全民守法。法律的权威源自人民的内心拥护和真诚信仰。全民守法以增强全民法治观念,推进法治社会建设为目标。

第四节　坚持走中国特色社会主义法治道路

本节重点阐发中国特色社会主义法治道路的精髓与核心要义,鲜明揭示建设法治中国必须走符合中国国情的法治发展道路。要深刻认识党的领导是中国特色社会主义最本质的特征,是社会主义法治最根本的保证;中国特色社会主义制度是中国特色社会主义法治体系的根本制度基础,是全面依法治国的根本制度保障;中国特色社会主义法治理论是中国特色社会主义法治体系的理论指导,是全面依法治国的行动指南。

中国特色社会主义法治道路,明确了建设社会主义法治国家的性质和方向,是社会主义法治建设成就和经验的集中体现,是中国特色社会主义道路在法治领域的具体体现,是建设社会主义法治国家的正确道路。

一、坚持中国共产党的领导

党的领导是中国特色社会主义最本质的特征,是社会主义法治最根本的保证。社会主义法治必须坚持党的领导,党的领导必须依靠社会主义法治。法是党的主张和人民意愿的统一体现,党和法、党的领导和依法治国是高度统一的。全面依法治国,方向要正确,政治保证要坚强,不能把党的领导和依法治国对立起来。

坚持党的领导,是社会主义法治的根本要求,是全面依法治国的题中应有之义。要把党的领导贯彻到依法治国全过程和各方面,坚持党的领导、人民当家作主、依法治国有机统一。

坚持党的领导,不是一句空的口号,必须具体体现在党领导立法、保证执法、支持司法、带头守法上。

二、坚持人民主体地位

在社会主义法治国家,人民是依法治国的主体和力量源泉,坚持人民主体地位是依法治国的基本原则。必须把人民当家作主贯彻到依法治国的全过程之中,保证人民的广泛参与。

坚持人民主体地位,必须坚持法治建设为了人民、依靠人民、造福人民、保护人民,以保障人民根本权益为出发点和落脚点,保证人民依法享有广泛的权利和自由、承担应尽的义务,维护社会公平正义,促进共同富裕,为保证人民当家作主提供坚实的法治基础。

人民权益要靠法律保障,法律权威要靠人民维护。依法治国的根本目的是实现人民幸福,尊重和保障人权。要把体现人民利益、反映人民愿望、维护人民权益、增进人民福祉落实到依法治国全过程。

三、坚持法律面前人人平等

平等是社会主义法律的基本属性,是社会主义法治的基本要求。坚持法律面前人人平等,对于坚持走社会主义法治道路具有十分重要的意义。第一,它可以充分显示中国特色社会主义制度的优越性,使人民在依法治国中的主体地位得到尊重和保障,从而有利于增强人民群众的主人翁意识和责任感。第二,它鲜明地反对法外特权、法外开恩,对掌握公权力的人形成制约,从而有利于预防特权思想和各种潜规则的侵蚀。第三,它鲜明地反对法律适用上的各种歧视,有利于贯彻执行"以事实为依据、以法律为准绳"的司法原则。第四,它要求人人都严格依法办事,既充分享有法律规定的各项权利,又切实履行法律规定的各项义务,有利于维护法律权威、健全社会主义法治,确保实现全面依法治国的总目标。

坚持法律面前人人平等,要求公民不分民族、种族、性别、职业、家庭出身、宗教信仰、教育程度、财产状况、居住期限等,都应当平等享受公民权利、平等履行公民义务。

坚持法律面前人人平等,要坚决反对特权思想和特权现象。

四、坚持依法治国和以德治国相结合

法治和德治,是治国理政不可或缺的两种方式,忽视其中任何一个,都将难以实现国家的长治久安。只有让法治和德治共同发挥作用,才能使法律与道德相辅相成,法治与德治相得益彰,做到法安天下,德润人心。

正确认识法治和德治的地位。对国家和社会治理而言,法治和德治都非常重要且不可或缺。法治是治国理政的基本方式,依法治国是基本方略,法治具有根本性、决定性和统一性,它强调对任何人都一律平等,任何人都必须遵守法律。德治是治国理政的重要方式,以德治国就是通过在全社会培育、弘扬社会主义核心价值观和社会主义道德,对不同人群提出有针对性的道德要求。

正确认识法治和德治的作用。法治和德治对社会成员都具有约束作用,法律规范和道德规范也都具有必须遵守的性质,但约束作用的内在要求和表现形式不同,行为人违反两种规范以后承担的后果也不相同。法治发挥作用要以国家强制力为后盾,主要依靠法律的预测作用、惩罚作用、威慑作用和预防作用对公民和社会组织的行为进行约束,并对违反法律的行为追究法律责任;德治发挥作用主要通过人们的内心信念、传统习俗、社会舆论等进行道德教化,并对违反道德的行为进行道德谴责。

正确认识法治和德治的实现途径。法治和德治的实现方式和实施载体不同。法治主要依靠制定和实施法律规范的形式来推进和实施,体现的是规则之治;德治主要依靠培育和弘扬道德等途径来推进和实施。

推动法治和德治的相互促进。一是强化道德对法治的支撑作用。坚持依法治国和以德治国相结合,应重视发挥道德的教化作用;在道德体系中体现法治要求;在道德教育中突出法治内涵,营造全社会都讲法治、守法治的

文化环境。二是把道德要求贯彻到法治建设中。以法治承载道德理念，道德才有可靠制度支撑。法律法规要树立鲜明道德导向，弘扬美德义行，立法、执法、司法都要体现社会主义道德要求，使社会主义法治成为良法善治。三是运用法治手段解决道德领域突出问题。法律是底线的道德，也是道德的保障。要加强相关立法工作，依法加强对群众反映强烈的失德行为的整治。

五、坚持从中国实际出发

走什么样的法治道路、建设什么样的法治体系，是由一个国家的基本国情决定的。当前，中国特色社会主义进入新时代，社会主要矛盾已经转化为人民日益增长的美好生活需要和不平衡不充分的发展之间的矛盾。建设法治中国，必须从我国实际出发，同完善和发展中国特色社会主义制度、推进国家治理体系和治理能力现代化相适应，既不能罔顾国情、超越阶段，也不能因循守旧、墨守成规。

坚持从实际出发，就是要突出法治道路的中国特色、实践特色、时代特色。要汲取中华传统法律文化精华。总结和运用党领导人民探索社会主义法治道路的成功经验，构建符合中国实际、具有中国特色、体现社会发展规律的社会主义法治理论和话语体系。

从我国实际出发，不等于关起门来搞法治。坚持走中国特色社会主义法治道路，必须学习借鉴世界上优秀的法治文明成果。学习借鉴不是简单的拿来主义，必须坚持以马克思主义法学理论为指导，坚持以我为主、为我所用，合理吸收国外法治理论、法学概念、法律话语、法律方法，不能搞"全盘西化"，不能搞"全面移植"。

第五节　培养法治思维

本节主要概述法治思维的基本含义和特征、法治思维的基本内容及其养成。助益大学生落实立德树人，注重德法兼修，增强法律意识、树立法治观念，培养法治思维、尊重和维护宪法法律权威。

尊法学法守法用法，必须养成良好的法治思维和行为方式，做到在法治之下，而不是法治之外，更不是法治之上。大学生要准确把握法治思维的基本含义和特征，正确理解法治思维的基本内容，逐步培养法治思维，提高运用法治思维分析、解决问题的能力。

一、法治思维及其内涵

法治思维内涵丰富、外延宽广，它将法律作为判断是非和处理事务的准绳，要求崇尚法治、尊重法律，善于运用法律手段协调关系和解决问题。

（一）法治思维的含义与特征

法治思维是指以法治价值和法治精神为导向，运用法律原则、法律规则、法律方法思考和处理问题的思维模式。法治思维包含以下几层含义：第一，法治思维以法治价值和法治精神为指导，蕴含着公正、平等、民主、人权等法治理念，是一种正当性思维；第二，法治思维以法律原则和法律规则为依据来指导人们的社会行为，是一种规范性思维；第三，法治思维以法律手段与法律方法为依托分析问题、处理问题、解决纠纷，是一种可靠的逻辑思维；第四，法治思维是一种符合规律、尊重事实的科学思维。因此，法治思维是一种融法律的价值属性和工具理性于一体的特殊的高级法律意识。

培养法治思维，必须抛弃人治思维。法治思维与人治思维的区别集中体现在四个方面：一是在依据上，法治思维认为国家的法律是治国理政的基本依据，处理法律问题要以事实为根据、以法律为准绳；而人治思维的本质是主张人高于法或权大于法，它片面强调依赖个人的魅力、德性和才智来治国平天下。二是在方式上，法治思维以一般性、普遍性的平等对待方式调节社会关系，解决矛盾纠纷，坚持法律面前人人平等原则，具有稳定性和一贯性；而人治思维漠视规则的普遍适用性，按照个人意志和感情进行治理，治人者以言代法、言出法随、朝令夕改，具有极大的任意性和非理性。三是在价值上，法治思维强调集中社会大众的意志来进行决策和判断，是一种"多数人之治"的思维，避免陷入无政府主义或以民主之名搞乱社会；而人治思维是个人说了算的专断思维。四是在标准上，法治思维与人治思维的分水岭不在于有没有法律或者法律的多寡与好坏,而在于最高的权威究竟是法律还是个人。

对公民而言,法治思维就是当自己的理想目标、思想感情、行为方式、权利诉求和利益关系等与法律的价值、规则或要求发生冲突时,能够服从法律,作出符合法律的选择,按照法律的指引实施自己的行为。

（二）法治思维的基本内容

法治思维的内涵丰富、外延宽广,主要表现为价值取向和规则意识两个方面。一般来讲,法治思维主要包括法律至上、权力制约、公平正义、权利保障、正当程序等内容。

法律至上。法律至上是指在国家或社会的所有规范中,法律是地位最高、效力最广、强制力最大的规范。法律至上具体表现为法律的普遍适用性、优先适用性和不可违抗性。

权力制约。权力制约是指国家机关的权力必须受到法律的规制和约束。权力制约分为权力由法定、有权必有责、用权受监督、违法受追究四项要求。

公平正义。公平正义是指社会的政治利益、经济利益和其他利益在全体社会成员之间合理、公平分配和占有。一般来讲,公平正义主要包括权利公平、机会公平、规则公平和救济公平。

权利保障。权利保障主要是指对公民权利的法律保障,具体包括公民权利的宪法保障、立法保障、行政保护和司法保障。宪法保障是权利保障的前提和基础。立法保障是权利保障的重要条件。行政保护是权利保障的关键环节。司法保障是公民权利保障的最后防线。

正当程序。程序的正当,表现在程序的合法性、中立性、参与性、公开性、时限性等方面。只有严格按照法律程序办事办案,处理结果才可能公正并具有公信力和权威性。

二、尊重和维护法律权威

尊重法律权威,既要尊重一般法律的权威,更要尊重宪法至上的权威。

大学生要培养法治思维,关键是要深刻认识尊重社会主义法律权威的重要意义,以实际行动维护社会主义法律权威。

(一)法律权威的含义

法律权威是指法律在社会生活中的作用力、影响力和公信力,是法律应有的尊严和生命。法律权威源自人民的内心拥护和真诚信仰。我国宪法法律是党的主张和人民意志的统一体现,具有最高的权威。尊重法律权威,不仅要求尊重法律,更要求崇尚法治。只有思想上尊法崇法,才能实践中守法护法。

(二)尊重和维护法律权威的重要意义

第一,社会主义法治观念的核心要求和建设社会主义法治国家的前提条件。法律与国家前途、人民命运息息相关。树立法律权威,就是树立党和人民共同意志的权威;捍卫法律尊严,就是捍卫党和人民共同意志的尊严。第二,对于推进国家治理体系和治理能力现代化、实现国家的长治久安极为重要。法律权威是国家治理的坚实基础和关键。第三,实现人民意志、维护人民利益、保障人民权利的基本途径。我国法律保护和实现的是人民的根本利益。从本质上讲,尊重和维护法律权威,就是尊重和维护人民的根本利益和其他合法权益的具体实践,也是尊重和保障人权的具体实践。第四,维护个人合法权益的根本保障。在法治社会,只有依靠有权威的法律。有权威的法律能够威慑人、警示人、保护人,防范违法犯罪行为,能够增强个人的安全感。

(三)尊重和维护法律权威的基本要求

大学生要在尊重法律权威方面加强砥砺,在学习和生活中积极作为,养成敬畏法律的良好品质,努力成为尊重法律权威、信仰法律的先锋。

信仰法律。应当相信法律、信奉法律,树立崇尚法律、信仰法律的牢固观念,增强对法律的信任感、认同感。对法律常怀敬畏之心,常思敬重之情。

遵守法律。要用实际行动捍卫法律尊严,保障法律实施。参与社会活动,实施个人行为,都要以法律为依据,不得违反法律规范。在处理矛盾和冲突时,要法字当头,依法化解,谨防采取非法方式导致关系的紧张与事态的恶化。

服从法律。应当拥护法律的规定,接受法律的约束,履行法定的义务,服从依法进行的管理,承担相应的法律责任。对一切依据法律和事实作出的决定,真心接受与认可,自觉执行。

维护法律。争当法律权威的守望者、公平正义的守护者、具有良知的护法者。对违法犯罪行为,要敢于揭露、勇于抵制,消除袖手旁观、畏缩不前的恐惧心理,抵制遇事回避的惧法现象。

三、怎样培养法治思维

在日常生活中,大学生可以通过多种途径,逐渐提高法治思维能力,培养法治思维方式。

学习法律知识。学习和掌握基本的法律知识,是培养法治思维的前提。法律知识通常包括法律法规条文方面的知识和法律法治基本原理方面的知识。除了从书本上获取法律知识外,还可以通过收听收看法制广播电视节目、阅读法律类报纸杂志,尤其是运用网络等途径学习法律知识。

掌握法律方法。法治思维的过程,就是运用法律方法思考、分析和解决法律问题的过程。法律方法主要包括两个方面:一是正确理解法律的方法,包括理解法律条文的含义、内容和精神等。二是正确运用法律的方法。理解和运用法律的基本方法,有助于培养法治思维。

参与法律实践。法治思维是在丰富的法律实践中训练、培养和应用的思维方式。现在,人们参与法律实践的方式和途径越来越多。一是参与立法讨论。二是依法行使监督权。三是旁听司法审判。四是参与模拟法庭、法律诊所、法律辩论等校园法治文化活动,增长法律知识,锻炼法治思维。

养成守法习惯。公民在生产生活中应当养成一旦遇到纠纷,自己的合法权利受到侵害时,首先选择运用法律武器、寻求司法救济,而不是遇事习惯找"关系"。

守住法律底线。法律红线不可逾越、法律底线不可触碰,触犯法律底线就要受到追究。大学生应当坚持从我做起,从身边做起,形成底线思维,严守法律底线,带头遵守法律。

第六节　依法行使权利与履行义务

本节通过对法律权利和法律义务辩证关系的科学分析,落脚于引导大学生增进尊法学法守法用法的自觉性,养成良好的法治思维和行为方式,将对法治的尊崇内化于心,将模范遵守法律外化于行,提高法治素养,努力成为法治中国建设的中坚力量。

自觉尊法学法守法用法,要落实到依法行使权利与履行义务上。大学生应依法行使权利和履行义务,妥善处理学习、生活中遇到的法律问题和各种矛盾,也是提高自己法治素养的途径。

一、法律权利与法律义务

(一)法律权利的含义与特征

法律权利是指反映一定的社会物质生活条件所制约的行为自由,是法律所允许的权利人为了满足自己的利益而采取的、由其他人的法律义务所保证的法律手段。

法律权利具有以下四个方面的特征:一是法律权利的内容、种类和实现程度受社会物质生活条件的制约。二是法律权利的内容、分配和实现方式因社会制度和国家法律的不同而存在差异。三是法律权利不仅由法律规定或认可,而且受法律维护或保障,具有不可侵犯性。四是法律权利必须依法行使,不能不择手段地行使法律权利。

(二)法律义务的含义与特征

法律义务是指反映一定的社会物质生活条件所制约的社会责任,是保障法律所规定的义务人应该按照权利人要求从事一定行为或不行为以满足权利人利益的法律手段。法律义务的履行表现为两种形式:一种是作为,是指义务人实施积极的行为;另一种是不作为,是指义务人不得实施某种行为。

法律义务具有以下四个特点:第一,法律义务是历史的。法律义务的内容和履行方式随着经济社会的发展和人权保障的进步而不断调整和变化。第二,法律义务源于现实需要。一个国家或地区的制度性质、历史传统、文化背景、宗教信仰和安全形势等因素,会对法律义务的设定发生重要影响。第三,法律义务必须依法设定。坚持义务法定,是法治国家和保障人权的重要方面。第四,法律义务可能发生变化。公民和社会组织承担的法律义务,在履行的过程中可能会因法定情形变更、消灭,或产生新的法律义务。

(三)法律权利与法律义务的关系

法律权利与法律义务的关系,就像一枚硬币的两面,不可分割,相互依存。没有权利,义务的设定就失去了目的和根据;没有义务,权利的实现也就成为空话。首先,法律权利和法律义务是相互依存的关系,法律权利的实现必须以相应法律义务的履行为条件;同样,法律义务的设定和履行也必须以法律权利的行使为根据。其次,法律权利与法律义务是目的与手段的关系。离开了法律权利,法律义务就失去了履行的价值和动力;离开了法律义务,法律权利也形同虚设。最后,有些法律权利和法律义务具有复合性的关系,即一个行为可以同时是权利行为和义务行为。

法律权利与法律义务平等,是现代法治的基本原则,是社会公平正义的重要方面。首先,法律权利与法律义务平等表现为法律面前人人平等被确立为基本原则。其次,在法律权利和法律义务的具体设定上要平等。再次,权利与义务的实现要体现平等。

在法律权利与法律义务相一致的情况下,一个人无论是行使权利还是履行义务,实际上都是对自己有利的。

二、依法行使法律权利

依法行使法律权利,是体现权利正当性和保障权利实现的充分必要条件。在日常生活中,人们行使任何权利、做任何事情都不能超越法律界限。

(一)我国宪法法律规定的基本权利

我国宪法法律规定了公民享有一系列权利,主要包括政治权利、人身权利、财产权利、社会经济权利、宗教信仰及文化权利等。

政治权利，是公民参与国家政治活动的权利和自由的统称。政治权利主要包括选举权、表达权、民主管理权和监督权。

人身权利，是指公民的人身不受非法侵犯的权利，是公民参加国家政治、经济与社会生活的基础，是公民权利的重要内容。人身权利主要包括生命健康权、人身自由权、人格尊严权、住宅安全权（也称住宅不受侵犯权）、通信自由权等。

财产权利，是指公民、法人或其他组织通过劳动或其他合法方式取得财产和占有、使用、收益、处分财产的权利。财产权主要包括私有财产权、继承权等。

社会经济权利，是指公民要求国家根据社会经济的发展状况，积极采取措施干预社会经济生活，加强社会建设，提供社会服务，以促进公民的自由和幸福，保障公民过上健康而有尊严的生活的权利。社会经济权利主要包括劳动权、休息权、社会保障权、物质帮助权等。

宗教信仰及文化权利，是指公民依法享有的与宗教信仰活动和文化生活相关联的自由和权利的总称，主要包括宗教信仰自由、文化教育权等。

（二）行使法律权利的界限

依法行使法律权利要求公民行使权利时应严格依据法律进行，以法律的相关规定为界限，超出这个边界就可能侵犯到他人的权利或者损害到国家、社会的利益。

在依法行使法律权利时要做到：

第一，明确权利行使的目的，保障权利行使的正当性。同时，行使权利不得破坏公序良俗，妨碍法律的社会功能和法律价值的实现。

第二，注意权利行使的限度。任何权利的行使都不是绝对的，都有其相应的限度，必须依照法律规定的限度来行使权利。

第三，选择权利行使的方式。权利行使的方式分为口头方式、书面方式和行为方式，有时口头方式和书面方式可以兼用。权利行使还可分为直接行使和间接行使，前者指权利主体直接行使权利，后者则指由其法定代理人或者委托代理人代为行使权利。

第四,遵守权利行使的程序。通常情况下,行使权利的程序是法律规定的。

三、依法履行法律义务

法律权利的行使,必须伴随着法律义务的履行,但法律义务更需要由法律加以规定。义务法定,一方面是说义务的设定必须有法律依据,另一方面是说法定的义务应当履行,否则会承担不利的法律后果。

(一)公民应履行的基本法律义务

除了在各个部门法中规定了公民的法律义务外,我国宪法特别规定了公民的基本义务。具体包括:

第一,维护国家统一和民族团结。宪法和相关法律规定,禁止对任何民族的歧视和压迫,禁止破坏民族团结和制造民族分裂的行为;一切破坏民族团结和制造民族分裂的行为都将受到法律的追究。

第二,遵守宪法和法律。具体义务包括保守国家秘密、爱护公共财产、遵守劳动纪律、遵守公共秩序和尊重社会公德。

第三,维护祖国安全、荣誉和利益。公民在享受宪法法律规定的权利与自由的同时,必须自觉地维护祖国利益,正确处理国家、集体与个人利益之间的关系,不得有危害祖国安全、荣誉和利益的行为,并同损害祖国利益的行为作斗争。

第四,依法服兵役。我国实行义务兵与志愿兵相结合、民兵与预备役相结合的兵役制度。有服兵役义务的公民拒绝、逃避兵役登记的,应征公民拒绝、逃避征集的,预备役人员拒绝、逃避军事训练和执行军事勤务,经责令限期改正后仍逾期不改的,基层人民政府应当强制其履行服兵役的义务。

第五,依法纳税。纳税人既要有自觉纳税的义务,也要有监督税务机关的执法行为、关心国家对税收的使用、维护自己的合法权益的意识。

(二)违反法定义务应当承担的法律责任

公民未能依法履行义务,根据情节轻重,应当承担相应的法律责任。具体的法律责任主要包括民事责任、行政责任和刑事责任。

民事责任是指由于违反民事法律规定、违约或者由于民法规定所应承担的一种法律责任。

行政责任是指因违反行政法或因行政法规定而应承担的责任。对行政违法者的制裁包括行政处罚和行政处分。

刑事责任是指行为人因其犯罪行为所必须承担的由国家司法机关代表国家依法所确定的否定性法律后果。根据我国刑法的规定,刑事处罚包括主刑和附加刑两部分。主刑包括管制、拘役、有期徒刑、无期徒刑和死刑;附加刑包括罚金、剥夺政治权利和没收财产。

习题训练

(一) 单项选择题

1. 调整人们行为的社会规范有许多种类,其中由国家制定或认可,具体规定权利、义务的行为规范是(　　)。

    A. 道德规范　　B. 宗教规范　　C. 法律规范　　D. 纪律规范

2. "法者,国之权衡也。"法律区别于道德、宗教、风俗、礼仪等其他社会规范的根本在于,它是(　　)。

    A. 政党主导政府组织的社会规范

    B. 一定规则维系的公共生活有序化状态

    C. 国家创制并保证实施的行为规范体系

    D. 以能动的方式引导规范社会生活实践

3. "法令行则国治,法令弛则国乱。"法律主要体现的是(　　)的意志。

    A. 全体人民　　B. 统治阶级　　C. 政党组织　　D. 整个社会

4. 马克思认为,法的关系正像国家的形式一样,既不能从它本身来理解,也不能从所谓人类精神的一般发展来理解,相反,它们根源于(　　)。

    A. 阶级意志　　B. 思想文化　　C. 物质生活关系　D. 社会意识

5. 法所体现的统治阶级意志的内容是由统治阶级的(　　)所决定的。

    A. 意志　　　　B. 思想　　　　C. 物质生活条件　D. 上层建筑

6. （　　）法律的基本特征是肯定人身依附、等级制度、维护专制、刑罚严酷。

　　A. 奴隶制　　　B. 封建制　　　C. 资本主义　　　D. 社会主义

7. 私有财产神圣不可侵犯原则，体现出（　　）的一大基本特征。

　　A. 奴隶制法律　　　　　　　　B. 封建制法律

　　C. 资本主义法律　　　　　　　D. 社会主义法律

8. "法律是治国之重器，良法是善治之前提。"这句话强调了（　　）的重要性。

　　A. 立法　　　B. 执法　　　C. 司法　　　D. 守法

9. 法律的运行是一个从创制、实施到实现的过程，其中（　　）是起始性和关键性环节。

　　A. 法律制定　　B. 法律执行　　C. 法律适用　　D. 法律遵守

10. 《商君书·算地》有这样一段话："故圣人之为国也，观俗立法则治，察国事本则宜。不观时俗，不察国本，则其法立而民乱，事剧而功寡。"这段话说明的道理是（　　）。

　　A. 法治为国家安定之本

　　B. 治国应战战兢兢如履薄冰

　　C. 领导者必须克制自己内在的欲念，不媚俗

　　D. 立法、治国都要符合国情

11. 一个国家的全部法律规范可以按照一定标准分类组合为不同的门类，在此基础上构成的有机联系的统一整体，称为（　　）。

　　A. 法律部门　　B. 法律体系　　C. 法律渊源　　D. 法律关系

12. 我国的司法机关包括人民法院和（　　）。

　　A. 人民政府　　B. 人大法工委　　C. 监察部　　D. 人民检察院

13. 国家司法机关及其公职人员依照法定职权和程序，运用法律处理案件的专门活动是（　　）。

　　A. 法律执行　　B. 法律适用　　C. 法律制定　　D. 法律监督

14. "法立而不行，与无法等。"这句话强调了（　　）的重要性。

　　A. 尊法　　　B. 学法　　　C. 守法　　　D. 护法

15. 法律的运行是一个从创制、实施到实现的过程，主要包括法律制定、法律执行、法律适用、法律遵守等环节。其中，国家对权利和义务，即社会利益和负担进行的权威性分配属于（　　）。

  A. 法律执行 B. 法律适用 C. 法律制定 D. 法律遵守

16. 我国宪法规定："中华人民共和国是工人阶级领导的、以工农联盟为基础的人民民主专政的社会主义国家。"这一规定确定了我国的（　　）。

  A. 国体 B. 政体 C. 政党制度 D. 社会制度

17. 根据我国宪法、立法法等法律的规定，全国人民代表大会及其常务委员会行使国家立法权。有权根据宪法和法律制定行政法规的是（　　）。

  A. 全国人大及其常委会 B. 国务院

  C. 中央及地方各级的立法机关 D. 中央军委

18. （　　）是人民当家作主的根本保证，是中国特色社会主义最本质的特征，是中国特色社会主义制度最大优势。

  A. 宪法法律至上 B. 中国共产党的领导

  C. 尊重和保障人权 D. 自由平等公正法治

19. 十八届四中全会通过的《中共中央关于全面推进依法治国若干重大问题的决定》提出，全面推进依法治国，总目标是建设中国特色社会主义（　　），建设社会主义法治国家。

  A. 法治理论 B. 法治政府 C. 法律体系 D. 法治体系

20. 目前，中国特色社会主义（　　）已经形成，现行有效法律已有260多部。国家经济建设、政治建设、文化建设、社会建设以及生态文明建设的各个方面实现了有法可依。

  A. 法律规范 B. 法律条文 C. 法律部门 D. 法律体系

21. 中国特色社会主义（　　），是中国特色社会主义永葆本色的法制根基、创新实践的法制体现、兴旺发达的法制保障，它的形成是我国民主法制建设的一个重要里程碑。

  A. 法律规范 B. 法律原则 C. 法律部门 D. 法律体系

22. 中国特色社会主义法律体系，是以（　　）为统帅，以法律为主干，以行政法规、地方性法规为重要组成部分，由多个法律部门组成的有机统一整体。

A. 宪法　　　　B. 宪法相关法　　C. 反分裂国家法　D. 刑法

23. 宪法统帅下的社会主义法律体系,是由多个法律部门组成的有机统一整体。下列选项中不属于我国独立法律部门的是(　　)

A. 经济法　　　B. 社会法　　　C. 国家安全法　　D. 民法商法

24. 宪法统帅下的社会主义法律体系,是由多个法律部门组成的有机统一整体。下列选项中属于独立法律部门的是(　　)。

A. 知识产权法　B. 社会保险法　C. 公司法　　　　D. 民法商法

25. 国家根据现行法律规范所调整的社会关系及其调整方法不同,将其划分为不同的法律部门,包括实体法律部门和程序法律部门。下列选项中属于程序法律部门的是(　　)。

A.《中华人民共和国立法法》

B.《中华人民共和国劳动争议调解仲裁法》

C.《中华人民共和国行政复议法》

D.《反分裂国家法》

26. (　　)制度是中国特色社会主义制度的重要组成部分,也是支撑中国国家治理体系和治理能力的根本政治制度。新形势下,我们要毫不动摇坚持并与时俱进完善这个制度。

A. 人民代表大会　　　　　　B. 社会主义协商民主

C. 民族区域自治　　　　　　D. 基层群众自治

27. 人民是依法治国的主体和力量源泉,(　　)制度是保证人民当家作主、保障实现中华民族伟大复兴的根本政治制度。

A. 人民代表大会　　　　　　B. 人民政协

C. 民族区域自治　　　　　　D. 基层群众自治

28. 在新的奋斗征程上,必须充分发挥(　　)制度的根本政治制度作用,继续通过这个制度牢牢把国家和民族前途命运掌握在人民手中。这是时代赋予我们的光荣任务。

A. 人民代表大会　　　　　　B. 民族区域自治

C. 基层群众自治　　　　　　D. 社会主义协商民主

29. 在中国实行（　　），是中国人民在人类政治制度史上的伟大创造，是深刻总结近代以后中国政治生活惨痛教训得出的基本结论，是中国社会100多年激越变革、激荡发展的历史结果，是中国人民翻身作主、掌握自己命运的必然选择。

    A. 人民代表大会制度

    B. 共产党领导的多党合作和政治协商制度

    C. 民族区域自治制度

    D. 基层群众自治制度

30. （　　）是马克思主义国家学说和我国政治实践相结合的伟大创造，是近代以来中国政治发展的必然结果，是党带领人民长期奋斗的重要成果，是我国的根本政治制度。

    A. 人民民主专政

    B. 人民代表大会制度

    C. 中国共产党领导的多党合作和政治协商制度

    D. 基层群众自治制度

31. （　　）是城乡基层群众在党的领导下，依法直接行使民主权利，管理基层公共事务和公益事业，实行自我管理、自我服务、自我教育、自我监督的一项基本政治制度。

    A. 人民代表大会制度

    B. 中国共产党领导的多党合作和政治协商制度

    C. 民族区域自治制度

    D. 基层群众自治制度

32. 有事好商量，众人的事情由众人商量，是人民民主的真谛。（　　）是实现党的领导的重要方式，是我国社会主义民主政治的特有形式和独特优势。

    A. 人民代表大会　　　　B. 协商民主

    C. 民族区域自治　　　　D. 基层群众自治

33. 法律是治国之重器，良法是善治之前提。党的十八届四中全会明确了全面推进依法治国的重大任务之一是，完善以宪法为核心的中国特色社会主义（　　），加强宪法实施。

  A. 法治文化　　　　　　　　B. 法治理论

  C. 法律体系　　　　　　　　D. 法治体系

34. 法律的生命力在于实施，法律的权威也在于实施。党的十八届四中全会明确了全面推进依法治国的重大任务之一是，深入（　　），加快建设法治政府。

  A. 创新执法体制　　　　　　B. 完善执法程序

  C. 推进依法行政　　　　　　D. 严格执法责任

35. 公正是法治的生命线，要努力让人民群众在每一个司法案件中感受到公平正义。十八届四中全会明确了全面推进依法治国的重大任务之一是（　　），提高司法公信力。

  A. 规范司法行为　　　　　　B. 保证公正司法

  C. 推进严格司法　　　　　　D. 完善司法体制

36. （　　），既是社会公平正义的重要组成部分，也被视为社会公平正义的最后一道防线。

  A. 科学立法　　B. 全民守法　　C. 公正司法　　D. 严格执法

37. 英国思想家培根说过："一次不公正的裁判，其恶果甚至超过十次犯罪。"他的这句话主要是为了说明（　　）的重要意义。

  A. 保证公正司法　　　　　　B. 完善法律规定

  C. 政府严格执法　　　　　　D. 加强法制宣传

38. 法律的权威源自人民的内心拥护和真诚信仰。十八届四中全会明确了全面推进依法治国的重大任务之一是（　　），推进法治社会建设。

  A. 增强全民法治观念

  B. 推进多层次多领域依法治理

  C. 建设完备的法律服务体系

  D. 健全依法维权和化解纠纷机制

39. 全面依法治国，必须统筹推进。十八届四中全会明确提出（　　）的方针，展现了全面依法治国的基本格局。

  A. 有法可依、有法必依、执法必严、违法必究

B. 立法公开、执法公开、司法公开

C. 科学立法、严格执法、公正司法、全民守法

D. 社会生活法制化、规范化、民主化

40. 关于法治思维,下列叙述不正确的是( )。

A. 法治思维是以法治价值和法治精神为指导的

B. 法治思维主要表现为价值取向和规则意识两个方面

C. 培养法治思维与维护法律权威无关

D. 培养法治思维必须抛弃人治思维

41. 国家机关的权力是人民所赋予,为人民而行使,权力的配置和运行必须受到法律的规制和约束,应当权力由法定、有权必有责、用权受监督、违法受追究。这体现了社会主义法治思维中( )原则。

A. 法律至上　　B. 权力制约　　C. 人权保障　　D. 程序正当

42. 公民权利的法律保障具体包括宪法保障、立法保障、行政保护和司法保障。( )是权利保障的前提和基础。

A. 宪法保障　　B. 立法保障　　C. 行政保护　　D. 司法救济

43. ( )是建设社会主义法治国家的前提条件,有助于实现国家的长治久安。

A. 推进依法执政　　　　B. 提高立法质量

C. 维护法律权威　　　　D. 规范公正执法

44. 我国宪法以专章规定了公民所享有的广泛权利和自由,包括平等权、政治权利和自由、人身自由和宗教信仰自由、社会经济权利、教育文化方面的权利等。这是我国宪法基本原则中( )的体现。

A. 人民主权原则　　　　B. 民主集中制原则

C. 社会主义法治原则　　D. 尊重和保障人权原则

45. 当自己的合法权利受到侵害时,公民应当首先选择( )

A. 运用道德谴责、寻求舆论救济

B. 依靠好友帮助、寻求私力救济

C. 依靠单位支持、寻求组织救济

D. 运用法律武器、寻求司法救济

（二）多项选择题

1. 我国宪法是（　　　）。

   A. 治国安邦的总章程

   B. 党和人民意志的集中体现

   C. 我国根本政治制度

   D. 中国特色社会主义法律体系的核心

2. 我国宪法确立的基本政治制度，主要有（　　　）。

   A. 人民代表大会制度

   B. 中国共产党领导的多党合作和政治协商制度

   C. 民族区域自治制度

   D. 基层群众自治制度

3. 建设中国特色社会主义法治体系的内容包括（　　　）。

   A. 完备的法律规范体系　　B. 高效的法治实施体系

   C. 严密的法治监督体系　　D. 完善的党内法规体系

4. 有位法学家曾经说过："法律必须被信仰，否则等于形同虚设。"这句话表明，一个人只有从内心深处真正认同、信任和信仰法律，才会自觉维护法律的权威。由此可见，（　　　）。

   A. 法律的内在说服力是法律权威的内在基础

   B. 法律权威不可能完全建立在外在强制力的基础上

   C. 法律信仰与宗教信仰没有本质的区别

   D. 法律信仰是法律制定和执行的根本依据

5. 法律权利和法律义务的关系，就像一枚硬币的两个面，密不可分。对二者之间关系的正确表述是（　　　）。

   A. 法律权利与法律义务是相互依存的关系

   B. 法律权利与法律义务是目的与手段的关系

   C. 法律权利与法律义务具有顺序性

   D. 有些法律权利与法律义务具有复合性

6. 政治权利和自由是指公民作为国家政治生活主体依法享有的参加国家政治生活的权利和自由，是国家为公民直接参与政治活动提供的基本保障。这一基本权利具体包括( )。

  A. 人身自由权   B. 选举权和被选举权

  C. 宗教信仰自由   D. 政治自由

7. 依法行使权利是体现权利正当性和保障权利实现的充分必要条件。在现代法治社会,人们行使任何权利、做任何事情都不能超越法律界限。依法行使权利应当符合( )。

  A. 权利行使的目的   B. 权利行使的限度

  C. 权利行使的方式   D. 权利行使的程序

8. 建设中国特色社会主义法治国家,必须一手抓法治,一手抓德治,坚持依法治国和以德治国相结合。必须正确认识法治和德治的地位、作用和实现途径。以下说法正确的是( )。

  A. 法治是治国理政的基本方式

  B. 德治发挥作用要以国家强制力为后盾

  C. 法治主要依靠制定和实施法律规范的形式来推进和实施

  D. 德治主要依靠培育和弘扬道德等途径来推进和实施

9. 青年学生可以通过( )的途径,在日常生活中逐渐养成从法律的角度思考、分析、解决法律问题的思维习惯。

  A. 学习法律知识   B. 掌握法律方法

  C. 参与法律实践   D. 养成法律习惯

10. 有位哲人曾说:"法律有一部分是为有美德的人制定的,如果他们愿意和平善良地生活,那么法律可以教会他们在与他人的交往中所要遵循的准则;法律也有一部分是为那些不接受教诲的人制定的,这些人顽固不化,没有任何办法能使他们摆脱罪恶。"这段话所凸显的法律的规范作用是( )。

  A. 保障作用   B. 预测作用   C. 教育作用   D. 强制作用

11. 人身权利主要包括( )。

  A. 生命健康权   B. 人身自由权

  C. 人格尊严权   D. 通信自由权

12. 我国在建设社会主义法治国家的道路上不断探索,继 2011 年宣布中国特色社会主义法律体系已经形成以后,2014年又提出"建设中国特色社会主义法治体系"的目标。从"法律体系"到"法治体系"的变化体现在(　　)。

　　A. 法治体系不仅有法律规范体系,还包括法治实施体系、法治监督体系、法治保障体系和党内法规体系

　　B. 法治体系强调科学立法、严格执法、公正司法、全民守法

　　C. 法治体系既要有法律的制度,也要保证法律的落实

　　D. 法治体系不仅仅是静态的法律文本,而且也是动态的法的实现过程

13. 党政军民学,东西南北中,党是领导一切的。必须把党的领导贯彻落实到全面依法治国全过程和各方面,必须具体体现在党(　　)上。任何组织和个人都不得有超越宪法法律的特权,绝不允许以言代法、以权压法、逐利违法、徇私枉法。

　　A. 领导立法　　　　　　B. 保证执法
　　C. 支持司法　　　　　　D. 带头守法

14. 坚持不忘初心、继续前进,就要坚定不移高举改革开放旗帜,勇于全面深化改革。改革和法治如鸟之两翼、车之两轮。我们要坚持(　　)。在全社会牢固树立宪法法律权威,弘扬宪法精神,任何组织和个人都必须在宪法法律范围内活动,都不得有超越宪法法律的特权。

　　A. 和衷共济、和合共生、和平发展

　　B. 走中国特色社会主义法治道路

　　C. 加快构建中国特色社会主义法治体系

　　D. 建设社会主义法治国家

15. 我国宪法法律规定的社会经济权利主要包括(　　)。
　　A. 劳动权　　B. 休息权　　C. 社会保障权　　D. 物质帮助权

(三) 辨析题

1. 法律是从人类社会一开始就具有的。
2. 高效的法治实施体系是中国特色社会主义法治体系的前提。
3. 在现实生活中,有人只享有权利而不履行相应的义务。这说明权利

和义务是可以分离的。

4. 守法就是依法履行义务的行为。

(四) 简答题

1. 宪法的基本原则有哪些?

2. 建设中国特色社会主义法治体系的重大意义是什么?

3. 我国公民有哪些基本义务?

4. 大学生应如何培养自己的法治思维?

(五) 论述题

1. 试论述中国特色社会主义法治体系的主要内容。

2. 如何理解依法治国和以德治国相结合?

3. 如何理解法律权利与法律义务的关系?

参考答案

(一) 单项选择题

1. C 2. C 3. B 4. C 5. C 6. B 7. C 8. A 9. A 10. D 11. B
12. D 13. B 14. C 15. C 16. A 17. B 18. B 19. D 20. D 21. D
22. A 23. C 24. D 25. B 26. A 27. A 28. A 29. A 30. B 31. D
32. B 33. C 34. C 35. B 36. C 37. A 38. A 39. C 40. C 41. B
42. A 43. C 44. D 45. D

(二) 多项选择题

1. ABD 2. BCD 3. ABCD 4. ABD 5. ABD 6. BD 7. ABCD
8. ABCD 9. ABCD 10. CD 11. ABC 12. ABCD 13. ABCD 14. BCD
15. ABCD

(三) 辨析题

1. 错误。法律不是从来就有的,也不是永恒存在的。它随着私有制、阶级和国家的产生而产生,也将随着私有制、阶级和国家的消亡而消亡。法律作为上层建筑的重要组成部分,其基本内容和性质总是与所在社会的生产关系相适应的。

2. 错误。完备的法律规范体系,是中国特色社会主义法治体系的前提,是法治国家、法治政府、法治社会的制度基础。完备的法律规范体系,是以宪法为核心,由部门齐全、结构严谨、内部协调、体例科学、调整有效的法律及其配套法规所构成的法律规范系统。

3. 错误。在法律关系上,公民的权利和义务是统一的,二者相对应而存在。行使权利必须履行义务,履行义务即可行使权利。不存在无义务的权利和无权利的义务。权利和义务应是统一的,现实生活中确实存在"只享有权利不履行相应义务"的现象,不能用少数不合理的现象否认一般理论的正确性,应具体问题具体分析。所以,在现实生活中存在的只享受权利而不履行相应的义务的行为是错误的。

4. 错误。守法,是指公民、社会组织和国家机关以法律为自己的行为准则,依法行使权利和履行义务,做法律所要求做或允许做的事,不做法律所禁止做的事。因此,守法不仅包括这种消极、被动的履行义务行为,还包括根据授权积极主动去行使自己的权利,实施法律的行为。

(四) 简答题

1. 宪法的基本原则是贯穿于宪法规范始终,对宪法的制定、修改、实施、遵守等环节起指导作用的基本准则。我国宪法的基本原则有:

(1) 党的领导原则;

(2) 人民主权原则;

(3) 尊重和保障人权原则;

(4) 社会主义法治原则;

(5) 民主集中制原则。

2. 建设中国特色社会主义法治体系的重大意义主要归纳为以下三项:

(1) 是中国特色社会主义的本质要求和重要保障;

(2) 是推进国家治理体系和治理能力现代化的重要举措;

(3) 是全面依法治国的总抓手。

3. 我国宪法规定的公民基本义务有:

(1) 维护国家统一和民族团结;

(2) 遵守宪法和法律,保守国家秘密、爱护公共财产、遵守劳动纪律、遵守公共秩

序、尊重社会公德;

(3) 维护祖国的安全、荣誉和利益;

(4) 保卫祖国、抵抗侵略和依法服兵役、参加民兵组织;

(5) 依法纳税;

(6) 其他基本义务。

4. 在日常生活中,大学生可以通过各种途径培养法治思维:

(1) 学习法律知识;

(2) 掌握法律方法;

(3) 参与法律实践;

(4) 守住法律底线。

(五) 论述题

1. 建设中国特色社会主义法治体系,就是在中国共产党领导下,坚持中国特色社会主义制度,贯彻中国特色社会主义法治理论,形成完备的法律规范体系、高效的法治实施体系、严密的法治监督体系、有力的法治保障体系,形成完善的党内法规体系。

(1) 完备的法律规范体系,是中国特色社会主义法治体系的前提,是法治国家、法治政府、法治社会的制度基础。

(2) 高效的法治实施体系,是建设中国特色社会主义法治体系的重点,是指执法、司法、守法等各个环节有效衔接、协调高效运转、持续共同发力,实现效果最大化的法治实施系统。

(3) 严密的法治监督体系,是指以规范和约束公权力为重点建立的有效的法治化权力监督网络,它以有权必有责、用权受监督、违法必追究,坚决纠正有法不依、执法不严、违法不究行为等为主要任务,是宪法法律有效实施的重要保障,是加强对权力运行制约和监督的迫切要求。

(4) 有力的法治保障体系,是全面依法治国的重要依托,是指在法律制定、实施和监督过程中形成的结构完整、机制健全、资源充分、富有成效的保障系统,包括政治和组织保障、人才和物质条件保障、法治意识和法治精神保障等。

(5) 完善的党内法规体系,是中国特色社会主义法治体系的本质要求和重要内容,是指科学、程序严密、配套完备、运行有效的党内制度及其运行、保障体系。

2. 法治和德治作为两个不同范畴,地位、作用和实现途径是不同的。① 法治是治国理政的基本方式,德治是治国理政的重要方式。② 法治和德治对社会成员都具有约束作用,但法治以国家强制力为后盾,主要依靠法律的预测作用、惩罚作用、威慑作用和预防作用对公民和社会组织的行为进行约束,并对违法行为追究法律责任;德治则主要通过人民的内心信念、传统习俗、社会舆论等进行道德教化,并对违反道德的行为进行道德谴责。③ 法治主要依靠制定和实施法律规范的形式来推进和实施,体现的是规则之治;德治则主要依靠培育和弘扬道德等途径来推进和实施。因此,对一个国家和社会治理而言,法治和德治都非常重要且不可或缺。作为治国理政不可或缺的两种方式,法治和德治如车之两轮或鸟之两翼,忽视其中任何一个都将难以实现国家的长治久安。

坚持依法治国和以德治国相结合,必须推动法治和德治的相互促进。① 强化道德对法治的支撑作用。应重视发挥道德的教化作用,提高全社会文明程度,为全面依法治国创造良好的人文环境;在道德体系中体现法治要求,发挥道德对法治的滋养作用;在道德教育中突出法治内涵,营造全社会都讲法治、守法治的文化环境。② 把道德要求贯彻到法治建设中去。以法治承载道德理念,道德才有可靠制度支撑。法律法规要树立鲜明道德导向,弘扬美德义行,立法、执法、司法都要体现社会主义道德要求,使社会主义法治成为良法之治。③ 运用法治手段解决道德领域突出问题。法律是底线的道德,也是道德的保障。要加强相关立法工作,依法加强对群众反映强烈的失德行为的整治。

总之,法治与德治是相辅相成、相互促进的,二者缺一不可,也不可偏废。我们应始终注意把法治建设与道德建设统一起来,把依法治国与以德治国紧密结合起来。只有让法治和德治共同发挥作用,才能使法律与道德相辅相成,法治与德治相得益彰,做到法安天下,德润人心。

3. (1) 法律权利与法律义务的关系,就像一枚硬币的两面,不可分割、相互依存:首先,法律权利和法律义务是相互依存的关系,法律权利的实现必须以相应法律义务的履行为条件,同样法律义务的设定和履行也必须以法律权利的行使为根据。其次,法律权利与法律义务是目的与手段的关系。离开了法律权利,法律义务就失去了履行的价值和动力;离开了法律义务,法律权利也形同虚设。最后,法律权利和法律义务还具有复合性的关系,一个行为可以同时是权利行为和义务行为。

(2) 法律权利与法律义务平等。首先,法律权利与法律义务平等表现为法律面前人人平等被确立为基本原则,这里的平等讲的就是权利和义务平等。其次,在法律权利和法律义务的具体设定上要平等。再次,权利与义务的实现要体现平等。

(3) 在法律权利与法律义务相一致的情况下,一个人无论是行使权利还是履行义务,实际上都是对自己有利的。

阅读思考

(一)

材料

中华人民共和国宪法修正案(2018年3月11日第十三届全国人民代表大会第一次会议通过)第三十二条为:宪法序言第七自然段中"在马克思列宁主义、毛泽东思想、邓小平理论和'三个代表'重要思想指引下"修改为"在马克思列宁主义、毛泽东思想、邓小平理论、'三个代表'重要思想、科学发展观、习近平新时代中国特色社会主义思想指引下";"健全社会主义法制"修改为"健全社会主义法治";在"自力更生,艰苦奋斗"前增写"贯彻新发展理念";"推动物质文明、政治文明和精神文明协调发展,把我国建设成为富强、民主、文明的社会主义国家"修改为"推动物质文明、政治文明、精神文明、社会文明、生态文明协调发展,把我国建设成为富强民主文明和谐美丽的社会主义现代化强国,实现中华民族伟大复兴"。

——参见人民网,http://cpc.people.com.cn/n1/2018/0312/c64387-29861232.html

思考:

结合材料和课本,试述宪法修改的意义与宪法修正案体现了什么价值。

(二)

材料1

新华网北京10月23日电 据新华社"新华视点"微博报道,中国共产党第十八届中央委员会第四次全体会议,于2014年10月20日至23日在北京举行。全会听取和讨论了习近平受中央政治局委托作的工作报告,审议通过了《中共中央关于全面推进依法治国若干重大问题的决定》。

十八届四中全会提出,全面推进依法治国,总目标是建设中国特色社会主义法治体系,建设社会主义法治国家。

——参见人民网,http://legal.people.com.cn/n/2014/1023/c188502-25896606.html。

材料 2

2015年10月26日至29日,中国共产党第十八届五中全会审议并通过了中共中央纪律检查委员会关于令计划、周本顺、杨栋梁、朱明国等高级干部严重违纪问题的审查报告,确认给予开除党籍的处分。

——参见新华网,http://www.xinhuanet.com/politics/2015-10/29/c_1116982932.htm。

材料 3

2016年4月17日,中共中央、国务院转发了《中央宣传部、司法部关于在公民中开展法治宣传教育的第七个五年规划(2016—2020年)》,并发出通知,要求各地区各部门结合实际认真贯彻执行。通知指出,全民普法和守法是依法治国的长期基础性工作。深入开展法治宣传教育,是贯彻落实党的十八大和十八届三中、四中、五中全会精神的重要任务,是实施"十三五"规划、全面建成小康社会的重要保障。

——参见新华网,http://www.xinhuanet.com/politics/2016-04/17/c_1118647027.htm。

思考:

1. 材料1、材料2共同说明什么?
2. 根据上述材料回答,中共中央为什么要提出全面推进依法治国的决定?
3. 推进依法治国,全民普法,人人有责,我们青年学生能做些什么?

(三)

材料 1

2018年5月,中共中央印发的《社会主义核心价值观融入法治建设立法修法规划》提出要推动社会主义核心价值观入法入规。其总体要求是:以习近平新时代中国特色社会主义思想为指导,坚持全面依法治国,坚持社会主义核心价值体系,着力把社会主义核心价值观融入法律法规的立改废释过程,确保各项立法导向更加鲜明、要求更加明确、措施更加有力,力争经过5到10年时间,推动社会主义核心价值观全面融入中国特色社会主义法律体系,筑牢全国各族人民团结奋斗的共同思想道德基础,为决胜全面建成小康社会、夺取新时代中国特色社会主义伟大胜利、实现中华民族伟大复兴的中国梦、实现人民对美好生活的向往,提供坚实制度保障。

——参见《进一步彰显法律法规的社会主义核心价值观导向——中央有关部门负责人就〈社会主义核心价值观融入法治建设立法修法规划〉答记者问》,《人民日报》2018年5月8日第3版。

材料2

近年来十分活跃的"精日分子"们打着言论自由的名义,不断在网络上,在社会上,散布谣言,混淆视听。社会上个别人身着二战时期日本军服拍照并通过网络传播,宣扬、美化侵略战争,损害国家尊严、伤害民族感情,造成恶劣社会影响。有的人则抓住英烈作为攻击的方向,将我们的一个个民族英雄,进行恶意的丑化,抓住所谓的细节进行攻击,妄图让英烈的美好形象,在人民心中轰然倒地。任何一个民族,都需要榜样的力量,而我们的英烈们就是我们的榜样,他们为了人民的幸福,抛头颅洒热血,英勇牺牲。理应受到社会的尊敬,人民的爱戴。然而,就是一些"精日分子"的妖言惑众,而引发了一些人对民族英雄的质疑。更为可怕的是,这些"精日分子"为侵略行为找理由。说白了,这些人根本不是在维护言论自由,而是不怀好意的恶意攻击。在既往查处的"精日分子"案件中,我们还发现,一些"精日分子"背后还有着敌对力量的影子。他们其实是拿了人家的钱帮助诋毁自己祖国的。由于没有明晰的法律条文,这些事件中,让一些"精日分子"逍遥法外。也只能是被泼了脏水的英烈的后人去起诉不怀好意者,而私人起诉带来的困扰是显而易见的。比如,牵涉了精力,耗费了金钱。这类案件不能总是依靠民间舆论的谴责,不能只靠英烈后人势单力薄的较量。必须通过立法的方式,来惩处"精日分子",不让"精日分子"向英烈身上泼脏水。

——参见郭元鹏:《立法打击"精日分子" 维护民族尊严》,东方网,http://pinglun.eastday.com/p/20180426/u1ai11391707.html,有改动。

材料 3

中华人民共和国主席令

第五号

《中华人民共和国英雄烈士保护法》已由中华人民共和国第十三届全国人民代表大会常务委员会第二次会议于 2018 年 4 月 27 日通过,现予公布,自 2018 年 5 月 1 日起施行。

中华人民共和国主席　习近平

2018 年 4 月 27 日

——参见新华网,http://www.xinhuanet.com/politics/leaders/2018-04/27/c_1122755435.htm。

思考：

1. 结合材料 1,谈谈为什么要进一步彰显法律法规的社会主义核心价值观导向。

2. 结合材料 2、材料 3,谈谈如何推动法治和德治的相互促进。

后 记

高校思想政治理论课是加强和改进大学生思想政治教育工作的主课堂、主渠道、主阵地,党中央高度重视,全社会普遍关注。既要传播党的创新理论,促进大学生真学真懂真信真用,更要破解深层次思想和实际问题,引领大学生全面发展成长成才。

为充分反映习近平新时代中国特色社会主义思想和党的十九大精神、充分反映十八大以来中国特色社会主义建设的新实践,"马克思主义理论研究和建设工程重点教材"思想政治理论课教材进行了重大修订。2018年4月,《思想道德修养与法律基础(2018年版)》以立足新时代、贯穿新思想、着眼新要求、运用新话语的鲜明特色呈现在广大师生面前,新版教材着力彰显历史的真谛、现实的真理、学生的真情,更加切合师生教与学的需求、符合新时代大学生的认知与接受的特点。

本书在编写过程中,严格遵循、充分汲取新版教材的整体理论构架,即以习近平新时代中国特色社会主义思想为指导,以培养担当民族复兴大任的时代新人为归宿,从新时代对青年大学生有理想、有本领、有担当的新要求切入,以人生选择—理想信念—精神状态—价值理念—道德觉悟—法治素养为基本线索逐次展开思想道德素质和法治素养的分析探讨,引领大学生把稳思想之舵,紧握奋斗之桨,高扬激情之帆,勇做新时代的弄潮儿,在实现中国梦的生动实践中放飞青春梦想,在为人民利益的不懈奋斗中书写人生华章。其中,"内容概述"力求凝练新教材的教学要旨与主要观点;"习题训练"(含参考答案)试图聚焦新教材的核心观点与支撑材料,并给予精当的解析;"阅读思考"则着力拓展学习视野,助益大学生更好地把握理论的创新、时代的脉动、生活的主潮、青年的愿望。

本书是上海大学"高等教育思想政治理论课辅导丛书"之一，上海大学马克思主义学院思想政治教育教研部组织实施了本书的编写工作。奚建群主持编写并统稿，参加编写的人员有吉征艺、杨超、孙会岩、杨秀君、李之喆、王有英、韩晓春。本书的编写出版得到了上海大学社会科学学部（筹）、上海大学继续教育学院有关领导的关心和支持，还得到了上海大学出版社的鼎力支持，在此一并致以深切的谢意！

加强和改进大学生思想政治工作的新时代要求创新，新任务呼唤创新，新实践推动创新。思政课改革的步伐未曾停歇，创新的求索未有穷期。这是一个激浊扬清的过程，一个攻坚克难的过程，一个永无止境的过程。让我们听从责任召唤，肩负使命担当，谱写"立德树人"的新篇章。

本书编者
2018 年 12 月